INVENTAIRE
737.963

AF395764

V

TABLE

DE

RACINES CARRÉES.

Versailles. — Imp. de MONTALANT-BOUGLEUX.

TABLE

DE

RACINES CARRÉES

CONTENANT LES

RACINES CARRÉES DES NOMBRES 1 A 750,

PRÉCÉDÉE D'UNE

EXPOSITION SUR LA THÉORIE DES PUISSANCES ET DES RADICAUX DU DEUXIÈME DEGRÉ,

ET SUIVIE D'UN

TABLEAU DES CARRÉS ET DES NOMBRES QUI CONTIENNENT DES CARRÉS COMME FACTEURS, DEPUIS 1 JUSQU'A 3,000 ;

PAR ETIENNE,

ANCIEN PROFESSEUR DE MATHÉMATIQUES A L'ECOLE NORMALE DE VERSAILLES.

VERSAILLES,

ETIENNE, LIBRAIRE, 13, RUE SAINT-PIERRE.

PARIS,

DEZOBRY, E. MAGDELEINE ET C.ᴵᵉ,

1, RUE DES MAÇONS-SORBONNE.

1852.

PRÉFACE.

La Géométrie appliquée aux arts rend d'immenses services à l'industrie : mais, à chaque pas, cette application nécessite des extractions de racines carrées, lesquelles, pour assurer une certaine exactitude à la solution cherchée, doivent souvent être poussées jusqu'à la huitième ou à la dixième décimale, et quelquefois même à un plus grand nombre.

L'extraction d'une racine carrée de dix à douze chiffres, est un travail assez pénible pour décourager un élève, qui, pour résoudre un seul problême, aurait trois ou quatre extractions semblables à faire.

Les jeunes élèves n'ayant pas assez l'habitude de l'usage des tables de logarithmes, ne peuvent trouver en les employant ni assez de rapidité, ni assez de confiance dans l'exactitude de ces racines pour être satisfaits de la solution trouvée.

Il arrive souvent que l'élève dont l'esprit est le plus prompt à découvrir la solution d'un problême de géométrie, est le moins propre à calculer l'extraction de plusieurs racines carrées de dix à douze chiffres : travail manuel très secondaire et très fatigant.

C'est pour rendre la solution des problêmes de géométrie qui exigent l'extraction d'une ou de plusieurs racines carrées, plus rapide, plus agréable, et sur-tout plus facile aux élèves, que j'ai entrepris cette Table de Racines carrées.

Quand les professeurs donnent aux jeunes élèves des devoirs de géométrie qui nécessitent l'extraction de plusieurs racines carrées, ces professeurs sont obligés de tenir compte du temps employé par ces élèves pour l'extraction de ces racines carrées : temps considérable, qui, à l'aide de cette table de racines, sera restitué à la géométrie.

Cette table de racines carrées, que je termine cette année au nombre 750, est peu considérable encore ; mais j'espère l'augmenter à une prochaine édition.

Avant de parler de cette table et pour en faciliter l'usage, j'exposerai la théorie du calcul des puissances et des radicaux du deuxième degré.

J'ai ajouté à cette table de racines un tableau contenant les carrés et les nombres qui contiennent des carrés comme facteurs, depuis 1 jusqu'à 3000.

A l'aide de ce tableau et de la table des racines, l'élève pourra déterminer rapidement la racine de l'un, quelconque, des huit-cent quatre-vingt-deux carrés ou multiples de carrés, qui se trouvent compris dans le tableau entre le nombre 750, limite de la table des racines, et le nombre 3000.

Ce dernier tableau pourrait encore servir à décomposer en facteurs premiers tous les nombres qu'il contient : en comprenant bien que si le second facteur, qui multiplie le carré, admet encore un ou plusieurs facteurs, il ne saurait les admettre qu'à la première puissance.

La connaissance complète des opérations sur les puissances et sur les radicaux du deuxième degré, est indispensable pour la solution des questions de géométrie; à l'aide de cette théorie, les calculs, qui souvent paraissent les plus compliqués, se trouvent réduits à une expression fort simple; souvent encore les premières simplifications apportées dans une équation qui paraît présenter des difficultés, la rendent à l'instant perceptible, même pour les commençants.

En plaçant cette théorie dans ce livre, je n'ai

pas eu la prétention de faire mieux que les hommes de haut mérite qui ont traité cette matière : mon but a été de la rendre aussi élémentaire que possible, de la réunir tout entière dans quelques pages, et par rapport à la table des racines, de tenir constamment cette théorie sous les yeux et sous les mains des élèves.

TABLE

DE

RACINES CARRÉES.

THÉORIE DES PUISSANCES ET DES RADICAUX DU DEUXIÈME DEGRÉ.

Le produit d'un nombre multiplié par lui-même s'appelle le carré ou la deuxième puissance de ce nombre : 36 est le carré ou la deuxième puissance de 6.

Le nombre qui, multiplié par lui-même, reproduit un nombre donné, prend le nom de racine carrée ou racine deuxième de ce nombre donné : 6 est la racine carrée ou deuxième de 36.

On appelle *exposant* un petit chiffre placé à droite et un peu au-dessus d'un nombre : l'exposant indique la puissance d'un nombre, c'est-à-dire le nombre de fois que ce nombre est pris comme facteur, $a^3 = a \times a \times a$; l'exposant 3 indique ici que a est pris trois fois facteur. Pour énoncer a^3, on dirait a troisième puissance, ou simplement a trois.

Tout nombre qui n'a pas d'exposant peut être considéré comme étant affecté de l'exposant *un* ; ex. : $a = a^1$.

On appelle *radical* le signe $\sqrt{}$, qui indique que l'on doit extraire la racine carrée d'un nombre donné.

On appelle *indice* un petit chiffre placé entre les branches du radical. Ce chiffre sert à indiquer le degré de la racine qu'on doit extraire. Dans cet exemple : $\sqrt[2]{a}$, l'indice 2 indique qu'on doit prendre la racine carrée de a; dans cet autre exemple : $\sqrt[3]{b}$, l'indice 3 indique que l'on doit prendre la racine cubique de b.

L'expression $\sqrt[2]{a}$ s'énoncerait racine carrée, ou deuxième de a. L'expression $\sqrt[3]{b}$ s'énoncerait racine cubique, ou troisième de b.

On appelle *quantités radicales* toutes celles qui sont placées sous le signe radical, c'est-à-dire toutes les quantités dont on doit extraire une racine quelconque.

Lorsqu'un radical n'a pas d'indice, il est considéré comme indiquant toujours la racine carrée.

Si nous rencontrons dans nos démonstrations le signe radical avec l'indice *un* ; le signe radical et l'indice pourront être supprimés, par la pensée, car la racine unième d'un nombre n'est autre chose que ce nombre lui-même.

Exemple : $\sqrt[1]{a} = a$.

RÈGLE DES SIGNES.

1. Le produit d'une quantité affectée du signe plus multipliée par une autre quantité affectée du signe plus, est lui-même affecté du signe plus. *Ex. :* $(+a) \times (+b) = +ab$; ce qui s'exprimerait ainsi : plus a multiplié par plus b donne plus ab.

Le produit d'une quantité affectée du signe plus multiplié par une autre quantité affectée du signe moins, est affecté du signe moins; *ex.* : $(+a) \times (-b) = -ab$; ce qui s'exprimerait ainsi : plus a multiplié par moins b égale moins ab.

Le produit d'une quantité affectée du signe moins multiplié par une autre quantité affectée du signe moins, est affecté du signe plus; *ex.* : $(-a) \times (-b) = +ab$; ce qui s'exprimerait ainsi : moins a multiplié par moins b égale plus ab. On dit plus brièvement : plus par plus donne plus; plus par moins donne moins; moins par plus donne moins; moins par moins donne plus.

Lorsqu'un nombre n'est précédé d'aucun signe, il doit être considéré comme étant affecté du signe plus; dans l'exemple ci-dessus, au lieu d'écrire $(+a) \times (+b) = +ab$, nous écrirons plus simplement, $a \times b = ab$.

2. Le produit de plusieurs facteurs exprimant des puissances différentes d'un même nombre est égal à ce nombre ayant un exposant égal à la somme des exposants dont il est affecté dans ses différents facteurs.

Ex. : $a^2 \times a^3 \times a^4 = a^9$. En effet, $a^2 = a \times a$; $a^3 = a \times a \times a$; $a^4 = a \times a \times a \times a$: d'où $a^3 \times a^2 \times a^4 = a \times a \times a \times a \times a \times a \times a \times a \times a = a^9$.

3. Le produit d'un nombre composé de plusieurs termes par un autre nombre, se fait en multipliant séparément tous les termes du multiplicande par chaque terme du multiplicateur, en observant avec soin la règle des signes (n.° 1);

Ex. : soit à multiplier $a + b - c$ par $d + h$:

$$\text{opération} \begin{cases} a+b-c & \text{multiplicande.} \\ d+h & \text{multiplicateur.} \\ \hline ad+bd-cd+ah+bh-ch & \text{produit.} \end{cases}$$

4. Lorsqu'on veut indiquer qu'une quantité composée de plusieurs termes ou de plusieurs facteurs doit être élevée au carré, on met cette quantité entre deux parenthèses, et l'on écrit à la suite de la dernière parenthèse l'exposant 2.

La quantité $a+b+c$ élevée au carré $= (a+b+c)^2$;

La quantité $a\times b\times c$ élevée au carré $= (a\times b\times c)^2$;

La quantité $\dfrac{3}{4}$ élevée au carré $= \left(\dfrac{3}{4}\right)^2$

5. Le carré fait sur la somme de deux nombres a et b, est égal au carré de a, plus deux fois le produit de a par b, plus le carré de b. $(a+b)^2 = a^2 + 2ab + b^2$.

$$\text{opération} \left\{ \begin{array}{l} a+b \\ a+b \\ \hline a^2+ab \\ \quad +ab+b^2 \\ \hline a^2+2ab+b^2. \end{array} \right.$$

6. Le carré fait sur la différence de deux nombres a et b est égal au carré de a, moins deux fois le produit de a par b, plus le carré de b. $(a-b)^2 = a^2 - 2ab + b^2$.

$$\text{opération} \left\{ \begin{array}{l} a-b \\ a-b \\ \hline a^2-ab \\ \quad -ab+b^2 \\ \hline a^2-2ab+b^2 \end{array} \right.$$

7. Le produit fait sur la somme et la différence des nombres a et b est égal à la différence des carrés de ces nombres, $(a+b)\times(a-b) = a^2 - b^2$.

$$\text{opération} \left\{ \begin{array}{l} a+b \\ a-b \\ \hline a^2+ab \\ \quad -ab-b^2 \\ \hline a^2 \qquad -b^2 \end{array} \right.$$

8. Pour élever un produit de plusieurs facteurs à une puissance donnée, il faut élever séparément chacun de ces facteurs à cette puissance.

Ex. : $(a \times b \times c)^3 = a^3 \times b^5 \times c^3$: ce qui est évident, car $(a \times b \times c)^5 = a \times b \times c \times a \times b \times c \times a \times b \times c$, égale, en intervertissant l'ordre des facteurs, $a \times a \times a \times b \times b \times b \times c \times c \times c = a^3 \times b^3 \times c^3$. * (2).

9. Pour élever un produit de plusieurs facteurs à une puissance donnée, lorsque les facteurs de ce produit ont déjà un exposant, il faut écrire ces facteurs, et leur donner à chacun pour exposant le produit de son propre exposant multiplié par la puissance donnée.

Ex. : $(a^2 \times b \times c^3)^2 = a^{2 \times 2} \times b^{1 \times 2} \times c^{3 \times 2} = a^4 \times b^2 \times c^6$. En effet, $(a^2 \times b \times c^3)^2 = a^2 \times b \times c^3 \times a^2 \times b \times c^3 = a^2 \times a^2 \times b \times b \times c^3 \times c^3 = a^4 \times b^2 \times c^6$. (2).

10. Le carré d'un nombre est égal au produit des carrés de ses facteurs.

Ex. : $210 = 2 \times 3 \times 5 \times 7$. D'où $(210)^2 = (2 \times 3 \times 5 \times 7)^2$ (n.° 4) $= 2^2 \times 3^2 \times 5^2 \times 7^2$. (8).

11. 1.° Des quantités radicales sont semblables quand leurs parties, comprises sous un radical de même indice, sont composées des mêmes facteurs ayant mêmes exposants et mêmes coëfficients. Les facteurs qui multiplient le radical peuvent être différents ; mais ils doi-

---

* Le chiffre placé entre parenthèse et à la suite d'une équation ou d'une démonstration, ou dans le corps même de cette démonstration, est un renvoi au numéro qu'il indique. Ce chiffre doit être passé sous silence à la lecture de la proposition qui le contient.

vent être commensurables. Les quantités $5\sqrt{3ab^2}$, $7\sqrt{3ab^2}$, $3\sqrt{3ab^2}$ sont des quantités radicales semblables.

2.° Pour ajouter entre elles plusieurs quantités radicales semblables, il faut faire la somme des facteurs commensurables, et multiplier le résultat par le radical commun.

Ex. : $5\sqrt{3ab^2} + 3\sqrt{3ab^2} + 2\sqrt{3ab^2} = 10\sqrt{3ab^2}$.

3.° La différence entre deux quantités radicales semblables est égale à la différence des deux facteurs commensurables multipliés par le radical commun.

Ex : $5\sqrt{3ab^2} - 3\sqrt{3ab^2} = 2\sqrt{3ab^2}$.

12. Une quantité quelconque qu'on élève à la deuxième puissance, et dont on extrait ensuite la racine carrée, ne change pas de valeur ; ou réciproquement, si l'on extrait la racine carrée d'une quantité, et qu'ensuite on élève cette racine à la deuxième puissance, cette quantité ne changera pas de valeur.

Ex. : Le nombre a, qu'on élève à la deuxième puissance et dont on extrait ensuite la racine carrée, donne

$$\sqrt[2]{a^2} = a.$$

Le nombre 64, dont on extrait la racine carrée et que l'on élève ensuite à la deuxième puissance, donne $(\sqrt{64})^2 = 8^2 = 64$: ce qui est de toute évidence ; car en extrayant la racine carrée d'une quantité qui a été précédemment élevée au carré, ou réciproquement, on ne fait que rétablir la quantité donnée dans son premier état.

Autre exemple : soit la quantité $\sqrt{a} \times \sqrt{b}$ qu'on veut élever au carré, cette quantité deviendra $(\sqrt{a} \times \sqrt{b})^2$ (n.° 4). Si l'on veut extraire la racine carrée de $(\sqrt{a} \times \sqrt{b})^2$, il faudra mettre cette quantité sous le radical : elle deviendra $\sqrt[2]{(\sqrt{a} \times \sqrt{b})^2}$, mais la racine carrée d'un nombre multipliée par elle-même reproduit ce nombre ; donc $\sqrt[2]{(\sqrt{a} \times \sqrt{b})^2} = \sqrt{a} \times \sqrt{b}$, car $(\sqrt{a} \times \sqrt{b}) \times (\sqrt{a} \times \sqrt{b}) = (\sqrt{a} \times \sqrt{b})^2$; donc $\sqrt[2]{(\sqrt{a} \times \sqrt{b})^2}$ ou $\left(\sqrt[2]{\sqrt{a} \times \sqrt{b}} \right)^2 = \sqrt{a} \times \sqrt{b}$.

Il en serait de même de toute quantité dont on extrairait la racine indiquée par l'indice, après l'avoir élevée à une puissance indiquée par ce même indice, ou réciproquement ; d'où $\sqrt[2]{(a \times b)^2} = \sqrt[3]{(a \times b)^3} = \sqrt[5]{(a \times b)^5} = a \times b$.

13. Pour obtenir le carré d'une fraction, il faut élever séparément les deux termes de cette fraction à la deuxième puissance.

$$\text{Ex. :} \quad \left(\frac{a}{b} \right)^2 = \frac{a}{b} \times \frac{a}{b} = \frac{a^2}{b^2} \text{ : d'où, pour ex-}$$

traire la racine carrée d'une fraction, il faut extraire séparément la racine carrée de ses deux termes.

$$\text{Ex. :} \quad \sqrt{\frac{a^2}{b^2}} = \frac{\sqrt{a^2}}{\sqrt{b^2}} = \frac{a}{b} \quad (12).$$

$$\text{Ex. :} \quad \sqrt{\frac{17}{6}} = \frac{\sqrt{17}}{\sqrt{6}} = \frac{4,12311}{2,44949}.$$

14. Si l'un des deux termes de la fraction donnée est un carré, le terme qui n'est pas un carré sera seul sous le radical.

Ex. dans lequel le numérateur est un carré :

$$\sqrt{\frac{4}{7}} = \frac{\sqrt{2^2}}{\sqrt{7}} = \frac{2}{\sqrt{7}} \quad (12).$$

Ex. dans lequel le dénominateur est un carré :

$$\sqrt{\frac{2}{9}} = \frac{\sqrt{2}}{\sqrt{9}} = \frac{\sqrt{2}}{\sqrt{3^2}} = \frac{\sqrt{2}}{3} \quad (12).$$

15. Quand on doit extraire la racine carrée d'une fraction on peut toujours transformer en carré le dénominateur de cette fraction, en en multipliant les deux termes par ce même dénominateur; le calcul est alors rendu plus facile : car il ne reste qu'une seule racine à extraire.

$$\text{Ex. :} \quad \sqrt{\frac{a}{b}} = \sqrt{\frac{ab}{b^2}} = \frac{\sqrt{ab}}{\sqrt{b^2}} = \frac{\sqrt{ab}}{b}. \quad (12).$$

16. Le produit des radicaux du deuxième degré de plusieurs nombres est égal à la racine carrée du produit de ces mêmes nombres.

$$\text{Ex. :} \quad \sqrt{a} \times \sqrt{b} \times \sqrt{c} = \sqrt[2]{(\sqrt{a} \times \sqrt{b} \times \sqrt{c})^2} \quad (12).$$

$$= \sqrt[2]{(\sqrt{a})^2 \times (\sqrt{b})^2 \times (\sqrt{c})^2} \quad (\text{n.}^\circ 8) = \sqrt{a \times b \times c}$$

$$(\text{n.}^\circ 12) = \sqrt{abc}.$$

17. Réciproquement, la racine carrée d'un nombre est toujours égale au produit des racines carrées de tous ses facteurs.

1.er ex. : $210 = 2 \times 3 \times 5 \times 7$, d'où $\sqrt{210} = \sqrt{2} \times \sqrt{3} \times \sqrt{5} \times \sqrt{7}$ (16),

2.e ex. : $108 = 36 \times 3$, d'où $\sqrt{108} = \sqrt{36 \times 3} = \sqrt{36} \times \sqrt{3} = \sqrt{6^2} \times \sqrt{3} = 6 \times \sqrt{3}$ (12).

18. Le quotient de deux radicaux de deux nombres différents, du deuxième degré, est égal à la racine carrée du quotient de ces deux nombres.

$$\text{Ex. : } \frac{\sqrt{a}}{\sqrt{b}} = \sqrt[2]{\left(\frac{\sqrt{a}}{\sqrt{b}}\right)^2} \ (12) = \sqrt[2]{\frac{(\sqrt{a})^2}{(\sqrt{b})^2}} \ (13)$$

$$= \sqrt{\frac{a}{b}} \ (12);$$

Ce qui revient à extraire la racine carrée d'une fraction.

19. On extrait la racine carrée d'un nombre dont l'exposant est pair, en divisant l'exposant de ce nombre par 2.

Ex. : $\sqrt[2]{a^6} = a^{\frac{6}{2}} = a^3$; ce qui est évident puisque a^3 multiplié par lui-même $= a^6$.

Il en serait de même de la racine cubique d'un nombre, si l'exposant de ce nombre était divisible par 3.

Ex. : $\sqrt[3]{a^9} = a^{\frac{9}{3}} = a^3$; ce qui est évident, car $(a^3)^3 = a^9$ (9).

20. La racine sixième d'un nombre est égale à la racine carrée de la racine cubique de ce nombre; ou ce qui est la même chose, est égale à la racine cubique de la racine carrée de ce nombre.

Ex. : $\sqrt[6]{a^{12}} = \sqrt[2]{\sqrt[3]{a^{12}}} = \sqrt[3]{\sqrt[2]{a^{12}}}$. En effet, d'après ce qui a été dit (19) $\sqrt[6]{a^{12}} = a^{\frac{12}{6}} = a^2$: d'où la racine cubique de la racine carrée, ou la racine carrée de la racine cubique de a^{12} doit donner pour résultat a^2.

Prenons d'abord la racine carrée de a^{12}, nous aurons :

$\sqrt[2]{a^{12}} = a^{\frac{12}{2}} = a^6$ (19). Prenons ensuite la racine cubique de a^6, nous aurons : $\sqrt[3]{a^6} = a^{\frac{6}{3}} = a^2$: donc $\sqrt[6]{a^{12}}$

$= \sqrt[2]{\sqrt[3]{a^{12}}}$, et en suivant la même démonstration :

$= \sqrt[3]{\sqrt[2]{a^{12}}} = a^2$. Nous prouverons par le même raisonnement que $\sqrt[8]{a^{16}} = \sqrt[2]{\sqrt[2]{\sqrt[2]{a^{16}}}}$: c'est-à-dire que la racine huitième de a^{16} est égale à la racine carrée de la racine carrée de la racine carrée de ce même nombre. En effet, $\sqrt[8]{a^{16}} = a^{\frac{16}{8}} = a^2$; d'autre part $\sqrt[2]{a^{16}}$

$= a^8$; $\sqrt[2]{a^8} = a^4$; et $\sqrt[2]{a^4}\ a^2$. Donc, $\sqrt[8]{a^{16}} =$

$\sqrt[2]{\sqrt[2]{\sqrt[2]{a^{16}}}} = a^2$.

D'après ce que nous venons de voir : Lorsqu'une quantité radicale est placée sous plusieurs signes radicaux successifs ; on peut faire disparaître les signes radicaux compris entre la quantité radicale et le signe radical extérieur ; mais il faut donner pour indice au seul signe radical restant, le produit de tous les indices.

21. Une quantité radicale ne change pas de valeur quand on multiplie ou quand on divise les exposants de ses facteurs, et son indice, par un même nombre.

En effet, d'après ce que nous avons vu (12), une quantité ne change pas de valeur quand on en extrait la racine indiquée par l'indice après l'avoir élevée à une puissance indiquée par ce même indice ; d'où $a^2 \times b =$

$$\sqrt[2]{(a^2\times b)^2} = \sqrt[6]{(a^2\times b)^6} = \sqrt[10]{(a^2\times b)^{10}} ; \text{ mais } a^2\times b$$

$$= \sqrt[1]{(a^2\times b)^1} : \text{ d'où } \sqrt[1]{(a^2\times b)^1} = \sqrt[1\times 2]{(a^2\times b)^{1\times 2}} =$$

$$\sqrt[1\times 6]{(a^2\times b)^{1\times 6}} = \sqrt[1\times 10]{(a^2\times b)^{1\times 10}} : \text{ d'où, une quantité ra-}$$

dicale ne change pas de valeur quand on multiplie ou quand on divise les exposants de ses facteurs et son indice par un même nombre.

22. Lorsque l'indice d'une quantité radicale et les exposants de ses facteurs ont un diviseur commun, on réduit cette quantité radicale à une expression plus simple, en effectuant la division de l'indice et des exposants des facteurs de cette quantité, par leur diviseur commun

$$\text{Ex. : } \sqrt[4]{a^6\times b^4\times c^2} = \sqrt[2]{\sqrt[2]{a^6\times b^4\times c^2}} \ (20) ; \text{ mais}$$

$$\sqrt[2]{\sqrt[2]{a^6\times b^4\times c^2}} = \sqrt[2]{\sqrt[2]{(a^3\times b^2\times c)^2}} \ (9) =$$

$$\sqrt[2]{a^3\times b^2\times c} \ (12).$$

D'où pour réduire un radical à sa plus simple expression, il faut diviser l'indice et les exposants de ses facteurs par leur plus grand commun diviseur.

RÉDUCTION DES RADICAUX DE DIFFÉRENTS DEGRÉS AU MÊME INDICE.

La réduction de deux quantités radicales de différents indices, au même indice, présente quatre cas.

1.° Chaque radical est irréductible, et les indices, premiers entre eux.

2.° Chaque radical est irréductible ; mais les indices ont des facteurs communs.

3.° Un seul ou les deux radicaux sont réductibles ; mais les indices sont premiers entre eux.

4.° Un seul ou les deux radicaux sont réductibles, et les indices ont des facteurs communs.

23. Dans le premier cas, pour réduire deux quantités radicales de différents indices à un même indice, il faut multiplier l'indice et les exposants de chacune d'elles par l'indice de l'autre.

Soient données les quantités radicales $\sqrt[3]{a^5 \times b^2}$, $\sqrt[2]{c^2 \times d^5}$ à réduire au même indice ; nous multiplierons l'indice et les exposants de la première par 2 ; l'indice et les exposants de la seconde par 3, et nous aurons $\sqrt[6]{a^6 \times b^4}$, $\sqrt[6]{c^6 \times d^9}$: ce qui est évident puisque (21) une quantité radicale ne change pas de valeur quand on multiplie les exposants de ses facteurs et son indice par un même nombre.

24. Dans le second cas, pour réduire les deux quantités radicales $\sqrt[6]{a^3 \times b^5}$, $\sqrt[10]{c^4 \times b^3}$ à un même indice, il faut, par une opération analogue à la réduction des fractions au même dénominateur, chercher le plus petit nombre divisible à la fois par les indices 6 et 10; ce nombre est 30 : 30 sera l'indice commun. Il faut alors multiplier l'indice et les exposants du premier radical par $\dfrac{30}{6}$ ou par 5, et multiplier ensuite l'indice et les exposants du second radical par $\dfrac{30}{10}$ ou par 3 (21); et nous aurons les radicaux réduits au même indice $\sqrt[30]{a^{15} \times b^{25}}$, $\sqrt[30]{c^{12} \times b^9}$.

25. Dans le troisième cas, soit proposé de réduire au même indice les radicaux $\sqrt[9]{a^3 \times b^6}$, $\sqrt[10]{c^4 \times b^2}$. Les exposants des facteurs et l'indice du premier radical ont pour facteur commun le nombre 3; les exposants des facteurs et l'indice du second ont pour facteur commun le nombre 2.

Il faut d'abord réduire ces deux radicaux à leur plus simple expression (22); ces deux radicaux deviennent alors $\sqrt[3]{a \times b^2}$, $\sqrt[5]{c^2 \times b}$. Multipliant ensuite l'indice et les exposants de chaque radical par l'autre indice, nous aurons $\sqrt[15]{a^5 \times b^{10}}$, $\sqrt[15]{c^6 \times b^3}$ (23). Donc, pour réduire plusieurs radicaux au même indice, il faut d'abord réduire chacun de ces radicaux à sa plus simple expression et opérer ensuite comme il a été dit (23) si les indices sont premiers entre eux, et comme il a été dit (24) pour le quatrième cas, c'est-à-dire si les indices ont encore des facteurs communs.

26. Pour déterminer le produit de plusieurs radicaux de différents degrés : il faut d'abord les réduire au même indice. Le produit de ces radicaux sera alors exprimé par un seul radical, égal au produit des quantités comprises sous les radicaux donnés, lorsque ces derniers ont été réduits au même indice ; et ce seul radical aura pour indice l'indice commun.

Soient donnés les radicaux $\sqrt[2]{a} \times \sqrt[3]{b^2} \times \sqrt[4]{c^5}$, dont on veut avoir le produit.

Ce produit $= \sqrt[2]{a} \times \sqrt[3]{b^2} \times \sqrt[4]{c^5} = \sqrt[2\times6]{a^{1\times6}} \times \sqrt[3\times4]{b^{2\times4}} \times \sqrt[4\times3]{c^{5\times3}} = \sqrt[12]{a^6} \times \sqrt[12]{b^8} \times \sqrt[12]{c^9}$

$= \sqrt[12]{\left(\sqrt[12]{a^6} \times \sqrt[12]{b^8} \times \sqrt[12]{c^9}\right)^{12}} \, (12) =$

$\sqrt[12]{\left(\sqrt[12]{a^6}\right)^{12} \times \left(\sqrt[12]{b^8}\right)^{12} \times \left(\sqrt[12]{c^9}\right)^{12}} (8) = \sqrt[12]{a^6 \times b^8 \times c^9}$

(n. 12) $= \sqrt[12]{a^6\, b^8\, c^9}$. Donc, $\sqrt[2]{a} \times \sqrt[3]{b^2} \times \sqrt[4]{c^5} = \sqrt[12]{a^6\, b^8\, c^9}$.

27. Pour déterminer le quotient de deux radicaux de différents degrés, il faut d'abord les réduire au même indice. Le quotient de ces radicaux sera alors exprimé par un seul radical, égal au quotient des quantités comprises sous les radicaux donnés, lorsque ces derniers ont été réduits au même indice ; ce seul radical aura pour indice, l'indice commun.

Soit donné le radical $\sqrt[2]{a^3 \times b^2}$ que l'on propose de diviser par le radical $\sqrt[3]{c^2 \times b}$, le quotient sera égal à

$$\begin{cases} \sqrt[2]{a^3 \times b^2} \\ \sqrt[3]{c^2 \times b} \end{cases} = \begin{cases} \sqrt[2\times3]{a^{3\times3} \times b^{2\times3}} \\ \sqrt[3\times2]{c^{2\times2} \times b^{1\times2}} \end{cases} (23) = \begin{cases} \sqrt[6]{a^9 \times b^6} \\ \sqrt[6]{c^4 \times b^2} \end{cases} =$$

$$\sqrt[6]{\frac{a^9 \times b^6}{c^4 \times b^2}} \quad (\text{n. } 13) = \sqrt[6]{\frac{a^9 b^6}{c^4 b^2}}$$

28. Lorsque chaque membre d'une équation est formé par un radical, et que ces radicaux sont de différents indices, on peut simplifier cette équation en réduisant les deux radicaux au même indice ; en faisant disparaître le signe radical de part et d'autre, et en divisant chaque membre par leurs facteurs communs.

Soit donnée l'équation $\sqrt[3]{x \times a^2 \times b} = \sqrt[2]{a \times b^2}$. Réduisons les deux radicaux au même indice, nous aurons $\sqrt[6]{x^2 \times a^4 \times b^2} = \sqrt[6]{a^3 \times b^6}$ (21) ; multiplions de part et d'autre par la puissance sixième, nous aurons : $\sqrt[6]{(x^2 \times a^4 \times b^2)^6} = \sqrt[6]{(a^3 \times b^6)^6}$, ou ce qui est la même chose : $x^2 \times a^4 \times b^2 = a^3 \times b^6$ (12) ; divisons les deux membres par leurs facteurs communs a^3, b^2, nous aurons : $x^2 \times a = b^4$; d'où $x = \sqrt{\dfrac{b^4}{a}}$.

29. Tout facteur d'un monome placé sous le radical et dont l'exposant est un chiffre pair, peut être mis en dehors de ce même radical et comme facteur de ce dernier, en lui donnant pour exposant la moitié de l'exposant qu'il avait lorsqu'il était sous le radical.

Ex. : $\sqrt[2]{a^2} = \sqrt[2]{a^2 \times 1} = \sqrt[2]{a^2} \times \sqrt[2]{1}$ (17) $= a \times \sqrt[2]{1}$ (n. 12) $= a \times 1 = a$.

Autre ex. : $\sqrt{a^4 b^2 c} = a^2 \times b \times \sqrt{c} = a^2 b \sqrt{c}$.

Nous aurons démontré la vérité de cette proposition si nous prouvons l'exactitude de la dernière égalité

$$\sqrt{a^4 b^2 c} = a^2 b \sqrt{c}. \qquad a^2 \times b \times \sqrt{c} = \sqrt{(a^2 \times b)^2} \times \sqrt{c}$$

$$= \sqrt{(a^2 \times b)^2 \times c} \ (16) = \sqrt{a^4 \times b^2 \times c} \ (9) = \sqrt{a^4 b^2 c} :$$

d'où $a^2 b \sqrt{c} = \sqrt{a^4 b^2 c}$; C. Q. F. P.; d'où $\sqrt{a^6 b^2 c^4 d}$

$$= a^3 b c^2 \sqrt{d}.$$

30. Si l'on ou plusieurs facteurs d'un monome sous le radical ont des exposants impairs autre que un, il faut décomposer chacun de ces facteurs en deux autres facteurs du même nombre, dont l'un aura pour exposant l'unité, et restera sous le radical, et l'autre passera hors du radical, comme facteur de ce dernier, avec un exposant égal au premier exposant diminué de un, et divisé ensuite par deux.

$$\text{Ex.} : \sqrt{a^5 \times b^5 \times c^7 \times d} = \sqrt{a^4 \times a \times b^2 \times b \times c^6 \times c \times d}$$

$$= a^2 b c^3 \sqrt{abcd} \ (29).$$

31. Réciproquement en s'appuyant sur le même principe : Tout facteur placé en dehors du radical pourra être mis sous ce même radical en doublant son exposant.

$$1.^{er} \text{ ex.} : a^2 b^3 c \sqrt{d} = \sqrt{a^4 b^6 c^2 d} \ (29).$$

$$2.^e \text{ ex.} : a^2 b^2 c^3 \sqrt{abcd} = \sqrt{abcd \times a^4 \times b^4 \times c^6} \ (29)$$

$$= \sqrt{a^5 b^5 c^7 d} \ (2).$$

32. Tout dénominateur d'une fraction placé sous le radical, et qui a pour exposant un chiffre pair, peut être mis hors de ce radical, en lui donnant pour exposant un exposant égal à la moitié de celui qu'il avait sous le radical.

Ex. : $\sqrt{\dfrac{a}{b}} = \dfrac{\sqrt{a}}{\sqrt{b^4}} \,(13) = \dfrac{\sqrt{a}}{(\sqrt{b^2})^2} = \dfrac{\sqrt{a}}{b^2}\,(12).$

33. Si, sous le radical, l'exposant du dénominateur d'une fraction était un chiffre impair sans être un carré, et qu'on voulût faire passer ce dénominateur hors du radical, il faudrait multiplier les deux termes de la fraction par la première puissance de ce dénominateur, ce qui ramènerait ce cas au précédent.

Ex. : $\sqrt{\dfrac{a}{b^5}} = \sqrt{\dfrac{ab}{b^6}} = \dfrac{\sqrt{ab}}{\sqrt{b^6}} = \dfrac{\sqrt{ab}}{b^3}\,(32).$

34. Si le numérateur seul d'une fraction est sous le radical, on peut y mettre aussi le dénominateur, en doublant l'exposant de ce dernier.

Ex. : $\dfrac{\sqrt{a}}{b^2} = \dfrac{\sqrt{a}}{\sqrt{(b^2)^2}}\,(12) = \dfrac{\sqrt{a}}{\sqrt{b^4}}\,(9) = \sqrt{\dfrac{a}{b^4}}$

(13)

35. Lorsque le dénominateur seul d'une fraction est sous le radical, on fait disparaître le radical au dénominateur, en multipliant les deux termes de la fraction par ce dénominateur.

Ex. : $\dfrac{a}{\sqrt{b}} = \dfrac{a\sqrt{b}}{\sqrt{b} \times \sqrt{b}} = \dfrac{a\sqrt{b}}{\sqrt{b^2}}\,(16) = \dfrac{a\sqrt{b}}{b}\,(32);$

Ce qui est évident puisque l'on peut multiplier les deux termes d'une fraction par un même nombre sans que cette fraction change de valeur.

36. Si le dénominateur d'une fraction était égal à $\sqrt{a^2 + 2ab + b^2}$, nous pourrions simplifier ce dénominateur en remarquant (5) que $a^2+2ab+b^2$ n'est autre chose que le carré de $a+b$.

$$\text{Ex. :} \quad \sqrt{\frac{a}{a^2+2ab+b^2}} = \frac{\sqrt{a}}{\sqrt{a^2+2ab+b^2}} \; (13) =$$

$$\frac{\sqrt{a}}{\sqrt{(a+b)^2}} \; (5) = \frac{\sqrt{a}}{a+b} \; (12.$$

37. Si le dénominateur d'une fraction était égal à $\sqrt{a^2-2ab+b^2}$, nous pourrions simplifier ce dénominateur en remarquant (6) que $a^2-2ab+b^2$ n'est autre chose que le carré fait sur la différence des nombres a et b, ou $(a-b)^2$.

$$\text{Ex. :} \quad \sqrt{\frac{a}{a^2-2ab+b^2}} = \frac{\sqrt{a}}{\sqrt{a^2-2ab+b^2}} =$$

$$\frac{\sqrt{a}}{\sqrt{(a-b)^2}} = \frac{\sqrt{a}}{a-b}.$$

38. Si le dénominateur d'une fraction était égal à $\sqrt{b}-\sqrt{c}$, nous pourrions simplifier ce dénominateur en remarquant (7) que le produit fait sur la somme et la différence de deux nombres est égal à la différence des carrés de ces nombres. En nous appuyant sur cette démonstration nous simplifierons la fraction donnée en faisant disparaître les radicaux du dénominateur. Pour obtenir cette simplification, il suffit de multiplier les deux termes de la fraction donnée par $\sqrt{b}+\sqrt{c}$.

Soit donnée la fraction $\dfrac{a}{\sqrt{b}-\sqrt{c}}$ nous aurons :

$$\frac{a}{\sqrt{b}-\sqrt{c}} = \frac{a\times(\sqrt{b}+\sqrt{c})}{(\sqrt{b}-\sqrt{c})\times(\sqrt{b}+\sqrt{c})} = \frac{a\times(\sqrt{b}+\sqrt{c})}{b-\sqrt{bc}+\sqrt{bc}-c}$$

$$= \frac{a\times(\sqrt{b}+\sqrt{c})}{b-c} \quad (7).$$

Il en serait de même si la fraction donnée était $\frac{a}{\sqrt{b}+\sqrt{c}}$; seulement il faudrait alors multiplier les deux termes par $\sqrt{b}-\sqrt{c}$.

Ex. : $\dfrac{a}{\sqrt{b}+\sqrt{c}} = \dfrac{a(\sqrt{b}-\sqrt{c})}{(\sqrt{b}+\sqrt{c})\times(\sqrt{b}-\sqrt{c})} =$

$$\frac{a\times(\sqrt{b}-\sqrt{c})}{b+\sqrt{bc}-\sqrt{bc}-c} = \frac{a(\sqrt{b}-\sqrt{c})}{b-c}.$$

39. Un nombre qui contient un ou plusieurs carrés comme facteurs étant donné, on propose d'exprimer la racine carrée de ce nombre par deux facteurs, l'un sous le radical et l'autre en dehors de ce même radical, mais de telle manière que le facteur placé sous le radical soit le plus petit possible, et le facteur placé en dehors du radical le plus grand possible.

Il faut décomposer le nombre donné en facteurs premiers, faire passer au-dehors du radical tous ces facteurs ayant chacun pour exposant son plus grand exposant pair divisé par 2 (29 et 30), et placer sous le radical tous les facteurs qui ne sont élevés qu'à la première puissance.

Le produit des facteurs restés sous le radical exprime le plus petit facteur, et le produit des facteurs placés en dehors du radical, le plus grand facteur demandé.

Le produit du radical par le plus grand facteur exprime la racine carrée du nombre donné.

Soit à extraire la racine carrée des nombres 1200 et 49500.

$1200 = 2^4 \times 3 \times 5^2$, d'où

$$\sqrt{1200} = \sqrt{2^4} \times \sqrt{3} \times \sqrt{5^2}\ (17) = \sqrt{2^4 \times 3 \times 5^2}\ (16)$$
$$= 2^2 \times 5 \times \sqrt{3}\ (29) = 20\sqrt{3}.$$

$49500 = 2^2 \times 3^2 \times 5^3 \times 11$, d'où

$$\sqrt{49500} = \sqrt{2^2 \times 3^2 \times 5^3 \times 11} = 2 \times 3 \times 5 \times \sqrt{5 \times 11}$$
$$= 30\sqrt{55}.$$

Dans le premier exemple, 20 est le plus grand facteur hors du radical, et 3 le plus petit facteur sous le radical. La racine carrée de 1200 est égale à 20 multiplié par la racine carrée de 3. Dans le second, 30 est le plus grand facteur hors du radical, et 55 le plus petit facteur sous le radical. La racine carrée de 49500 est égale à 30 multiplié par la racine carrée de 55.

Cette démonstration a pour but d'employer la table des racines pour trouver la racine d'un nombre supérieur à 750, limite de cette table, si toutefois ce nombre donné contient des carrés comme facteurs, et si la partie sous le radical ne dépasse pas la limite 750.

40. Lorsqu'une racine doit être multipliée par un nombre quelconque, il faut avoir soin de prendre dans la table assez de chiffres décimaux pour que l'erreur provenant du dernier chiffre de la racine multiplié par le nombre donné ne se fasse pas sentir sur le dernier chiffre décimal qu'on veut obtenir exact.

Ex. : soit à multiplier la racine de 637 par 9999999, les six premières décimales de ce produit devant être exactes :

La racine de 637 $=$ 25,23885892824792505. L'erreur sur le dernier chiffre de cette racine est moindre de 0,50 de l'une des unités de ce chiffre ; d'où l'erreur provenant du produit du dernier chiffre de la racine par 9999999 est moindre de 0, 00000000000000000,5 $\times$ 9999999 , moindre de 0,000000000004999999,5. Supprimons la dernière ou dix-huitième décimale de ce produit, et nous verrons que cette erreur se fait encore sentir jusqu'à la septième décimale à droite du produit , c'est-à-dire se fait sentir sur autant de décimales qu'il y a de chiffres dans le multiplicateur 9999999.

Il suffira donc, pour obtenir le produit demandé, de prendre d'abord les six premières décimales de la racine, puis de prendre à la suite autant de décimales qu'il y a de chiffres dans le multiplicateur, c'est-à-dire sept décimales, puis multiplier 25,2388589282479 par 9999999 ; supprimer les sept dernières décimales du produit, ayant soin d'augmenter d'une unité la dernière décimale restante, si la décimale suivante à droite dépasse cinq unités.

Ce produit sera (25,2388589282479 $\times$ 10000000 — 25,238859) $=$ (252388589,282479 — 25,238859) $=$ 252388564,043620.

CONSTRUCTION DE LA TABLE DES RACINES.

Pour déterminer toutes ces racines, j'ai calculé, par la méthode ordinaire, la moitié plus un des chiffres de chaque racine ; pour chacune d'elles, j'ai déterminé l'autre moitié en divisant le reste de chaque racine par le double de la racine déjà obtenue.

J'ai calculé les racines des nombres 2, 3, 5, jusqu'à la vingt-neuvième décimale ;

Celles des nombres 6 à 23, jusqu'à la vingt-cinquième décimale ;

Celles des nombres 24 à 103, jusqu'à la vingt-deuxième décimale ;

Celles des nombres 104 à 136, jusqu'à la vingt-unième décimale ;

Celles des nombres 137 à 419, jusqu'à la vingtième décimale ;

Celles des nombres 420 à 750, jusqu'à la dix-huitième décimale.

Pour obtenir la seconde partie des chiffres de chaque racine, j'ai employé la division abrégée ; j'ai ajouté un zéro à la droite du dividende, ou *reste de la première partie de chaque racine*, ce qui m'a permis de déterminer le dernier chiffre du quotient, ou de la racine, avec plus d'exactitude ; car il reste au dividende au moins deux chiffres pour déterminer ce dernier chiffre.

Nous remarquons que le dividende ayant un chiffre de plus, la différence entre les unités ajoutées et les unités négligées, lorsque la compensation n'est pas exacte, ne portera que fort peu sur le dernier chiffre du quotient, ou de la racine.

Exemple soit à calculer la racine de 24 avec huit décimales.

Opération :

24	4,8989
16	$88 \times 8 = 704$
800	
9600	$969 \times 9 = 8721$
87900	$9788 \times 8 = 78304$
959600	
77879	$97969 \times 9 = 881721$
778790	97978
92944	7948
4764	
845	
61	

$$\sqrt{24} = 4,89897948.$$

Je calcule, par la méthode ordinaire, les cinq premiers chiffres, qui sont 4,8989, le reste de la racine est 77879; j'ajoute un zéro à la droite de ce reste, et je divise le nombre 778790 qui en résulte, par 97978, double de la racine, abstraction faite de la virgule, et j'obtiens les quatre autres chiffres qui sont 7948. La racine de 24, avec 8 décimales égale 4,89897948.

Le dernier chiffre de chaque racine a été augmenté d'une unité, lorsque le chiffre obtenu en continuant la division, chiffre qui peut alors être considéré comme une première décimale du dernier chiffre de la racine, dépasse 5 unités.

Dans l'exemple ci-dessus, on obtiendrait ce chiffre en divisant le dernier reste 61 par 9, ce qui donnerait 6 pour quotient; ce chiffre dépassant cinq unités, il faudrait augmenter le dernier chiffre de la racine de une unité. La racine de 24 serait alors représentée plus exactement par 4,89897949.

Chaque racine a été vérifiée en l'élevant au carré, par la multiplication abrégée.

En opérant par la division abrégée, et malgré le zéro ajouté à la droite du dividende, il peut se présenter quelques cas dans lesquels le dernier chiffre de la racine diffère de près d'une unité, et même d'une unité de son ordre, soit en plus soit en moins.

Nous venons de voir que le dernier chiffre de chaque racine a été augmenté d'une unité, lorsque sa première décimale dépasse 5 ; mais cette première décimale est souvent inexacte : par la division ordinaire, elle est toujours trop faible d'une quantité comprise entre zéro et 5 unités de son ordre ; par la division abrégée, elle peut être trop forte ou trop faible d'une unité, de deux unités, et même de trois unités, selon la différence qui peut exister entre les unités ajoutées et les unités négligées : d'où le dernier chiffre de la racine qui doit être modifié par cette décimale, peut bien aussi être trop fort ou trop faible de près d'une unité, et même d'une unité de son ordre.

Cette différence est plus sensible pour toutes les racines dont le premier chiffre est un, et principalement pour les racines des nombres 101 à 120 dont les deux premiers chiffres sont un et zéro : la preuve par la multiplication abrégée ne permettant pas, par rapport aux deux premiers chiffres du multiplicateur un et zéro, de reconnaître, d'une manière certaine, l'exactitude du dernier chiffre de la racine.

Pour ne donner dans cette table que des racines complètement exactes, j'ai supprimé le dernier chiffre de chaque racine ; et, même pour éloigner toute chance d'erreur, j'ai supprimé les deux derniers chiffres des racines comprises entre les nombres 101 à 136 ; j'ai augmenté d'une unité le dernier chiffre de chaque racine, lorsque le chiffre supprimé dépassait 5.

Lorsque le dernier chiffre de chaque racine a été augmenté d'une unité, je l'ai fait suivre du signe plus, pour indiquer que ce chiffre est trop fort ; lorsqu'il n'a pas été augmenté, je l'ai fait suivre du signe moins, pour indiquer qu'il est trop faible : l'erreur sur le dernier chiffre de chaque racine est donc toujours, soit en plus, soit en moins, selon que ce chiffre est suivi du signe plus ou du signe moins, moindre d'une demi-unité de son ordre.

D'après la suppression de deux chiffres pour les racines des nombres 104 à 136, et la suppression d'un chiffre pour tous les autres nombres :

Les racines de la table auront pour les nombres 2, 3, 5 : 28 décimales ;

Celles des nombres 6 à 23 : 24 décimales ;

Celles des nombres 24 à 103 : 21 décimales ;

Celles des nombres 104 à 419 : 19 décimales ;

Celles des nombres 420 à 750 : 17 décimales ;

Nous venons de voir que le signe plus et le signe moins qui suivent le dernier chiffre de chaque racine de la table, indiquent que ce dernier chiffre est trop fort ou trop faible, selon le signe qui l'accompagne, d'une quantité comprise entre 0,00 et 0,50 de l'une des unités de ce dernier chiffre.

Mais dans cette table le signe plus ou le signe moins, qui suit constamment le dernier chiffre de chaque racine, est selon le cas suivi d'un point ou n'est suivi d'aucun signe. Quand il n'est suivi d'aucun signe, cela indique que le dernier chiffre de la racine, selon le signe, est seulement trop fort ou trop faible d'une quantité comprise entre 0,00 et 0,25 de l'une des unités de ce dernier chiffre.

Lorsque le signe est suivi d'un point, cela indique que le dernier chiffre de la racine est trop fort ou trop faible, selon le signe, d'une quantité comprise entre 0,25 et 0,50 de l'une des unités de ce chiffre.

Si l'on désirait obtenir une des racines de la table avec tous ses chiffres, et avec la plus grande exactitude, il faudrait, quand le dernier chiffre de cette racine est suivi du signe moins sans point, écrire à la suite de ce dernier chiffre, comme décimale, 0,125, puisque ce dernier chiffre est trop faible d'une quantité comprise entre 0,00 et 0,25 ; l'erreur qui en résultera, soit en plus, soit en moins, sera moindre de 0,125, c'est-à-dire moindre d'un huitième de l'une des unités de ce dernier chiffre.

Si le dernier chiffre de la racine est suivi du signe plus sans point, il faudra retrancher de ce chiffre 0,125, puisque ce dernier chiffre est trop fort d'une quantité comprise entre 0,00 et 0,25 ; l'erreur qui en résultera, soit en plus, soit en moins, sera moindre de 0,125.

Si le dernier chiffre de la racine est suivi du signe moins et d'un point, il faudra écrire à la suite de ce chiffre, comme décimale, 0,25 + 0,125 ou 0,375, puisque ce dernier chiffre est trop faible d'une quantité comprise entre 0,25 et 0,50 ; l'erreur qui en résultera, soit en plus, soit en moins, sera moindre de 0,125.

Si le dernier chiffre de la racine est suivi du signe plus et d'un point, il faudra retrancher de ce chiffre 0,25 + 0,125 ou 0,375, puisque ce dernier chiffre est trop fort d'une quantité comprise entre 0,25 et 0,50 ; l'erreur qui en résultera, soit en plus, soit en moins, sera moindre de 0,125.

D'après ce que nous venons de voir, chacune de ces racines peut, pour ainsi dire, être considérée comme ayant une décimale de plus. Car en suivant ce principe, l'erreur sur le dernier chiffre de chaque racine sera toujours moindre d'un huitième de l'une des unités de ce dernier chiffre.

Il me reste à expliquer le choix que j'ai fait des nombres 6, 24, 104, 420, pour recommencer une nouvelle série, qui chaque fois contient plusieurs décimales de moins que la série précédente.

Première série, 28 décimales, comprenant les nombres 2, 3, 5,

Les nombres 2 et 5 facteurs de la base 10 et leurs puissances successives étant combinés avec le nombre 3 et ses différentes puissances, donnent les nombres les plus en usage dans les arts et dans les sciences, par rapport à leur importance; j'ai cru devoir donner à ces nombre 28 décimales; ce nombre de décimales pourra paraître considérable; mais nous verrons, plus loin, que les autres séries doivent successivement aller en diminuant, et dans le numéro 40 nous avons vu qu'un grand nombre de décimales, dans certains cas peut être très utile.

Deuxième série, 24 décimales, comprenant les nombres 6 à 23.

J'ai considéré les nombres 6 et 7 comme étant moins importants que les trois précédents et ne leur ai donné que 24 décimales.

Pour obtenir la racine du nombre huit, j'ai multiplié la racine de deux par la racine de quatre, c'est-à-dire par deux.

Ex. : $\sqrt{8} = \sqrt{2 \times 4}$ (17) $= 2\sqrt{2}$ (29).

Pour obtenir la racine de 12, j'ai multiplié la racine de trois par la racine de quatre, c'est-à-dire par deux.

Ex. : $\sqrt{12} = \sqrt{3 \times 4}$ (17) $= 2\sqrt{3}$ (29).

Pour obtenir la racine de 18, j'ai multiplié la racine de 2 par la racine de 9, c'est-à-dire par 3.

J'ai obtenu de la même manière toutes les racines des nombres qui contiennent un carré comme facteur.

Nous avons vu que l'erreur du dernier chiffre de chaque racine est moindre d'une demi-unité de son ordre. Pour obtenir la racine de 18, il a fallu multiplier la racine de 2 par 3 : d'où l'erreur sur le dernier chiffre du produit ou de la racine a été répétée trois fois ; cette erreur peut donc être de près de une unité et demie : erreur qui peut se faire sentir même sur le chiffre précédent.

Cette racine ne peut donc avoir que 26 ou au plus 27 décimales exactes ; mais comme je n'ai donné que 24 décimales aux racines des nombres 6 et 7, je n'ai donné que 24 décimales à tous les nombres suivants jusqu'au nombre 23.

Cette série doit se terminer au nombre 23, car $\sqrt{24} = \sqrt{6 \times 4} = 2\sqrt{6}$ (17).

Et comme le nombre 6 n'a que 24 décimales ; pour les raisons données plus haut, la racine de 24 doit en avoir moins, et ne peut faire partie de cette série.

Troisième série, 21 décimales.

Cette série, qui commence par le nombre 24, doit se terminer au nombre 103, car $\sqrt{104} = \sqrt{26 \times 4} = 2\sqrt{26}$.

Mais 26 se trouve compris dans cette série et n'a par conséquent que 21 décimales: d'où 104 doit en avoir moins et ne peut faire partie de cette série.

Quatrième série, 19 décimales.

Cette série, qui commence au nombre 104, doit se terminer au nombre 419; car $\sqrt{420} = 2\sqrt{105}$.

Mais 105 n'a que 19 décimales, d'où 420 doit en avoir moins et ne peut faire partie de cette série.

Cinquième série, 17 décimales.

Cette série qui commence au nombre 420, devrait se terminer au nombre 1679; je n'ai pu l'amener cette année que jusqu'au nombre 750; j'espère plus tard la compléter entièrement.

J'ai apporté à la construction de cette table tout le soin possible.

Les 210 premières racines ont même été vérifiées une seconde fois, en les élevant de nouveau au carré, 6 mois après la première vérification; je crois donc pouvoir répondre de l'exactitude de toutes ces racines: si cependant, malgré le soin et l'attention que j'ai apportés à la construction de cette table, quelques erreurs m'étaient échappées, je prierai les personnes qui trouveraient ces erreurs, de me les signaler, en les assurant à l'avance de toute ma reconnaissance.

USAGE DE LA TABLE DES RACINES CARRÉES.

A l'aide de cette table, nous pouvons déterminer directement les racines des 750 premiers nombres

4

En divisant les racines des nombres 1 à 750 par 10, nous obtiendrons toutes les racines comprises entre $\sqrt{0,01}$ et $\sqrt{7,50}$.

Soit à chercher dans la table les racines des nombres 0,05, 0,99, 3,25, 5,50.

$$\sqrt{0,05} = \sqrt{\frac{5}{100}} = \frac{\sqrt{5}}{\sqrt{100}} = \frac{\sqrt{5}}{10} = \frac{2,23606798}{10}$$

$$= 0,223606798.$$

$$\sqrt{0,99} = \sqrt{\frac{0,99}{100}} = \frac{\sqrt{99}}{\sqrt{100}} = \frac{\sqrt{99}}{10} = \frac{9,94987437}{10}$$

$$= 0,994987437.$$

$$\sqrt{3,25} = \sqrt{\frac{325}{100}} = \frac{\sqrt{325}}{\sqrt{100}} = \frac{\sqrt{325}}{10} = \frac{18,02775638}{10}$$

$$= 1,802775638.$$

$$\sqrt{5,50} = \sqrt{\frac{550}{100}} = \frac{\sqrt{550}}{\sqrt{100}} = \frac{\sqrt{550}}{10} = \frac{23,45207880}{10}$$

$$= 2,345207880.$$

En divisant les racines des nombres 1 à 750 par 100, nous obtiendrons toutes les racines comprises entre $\sqrt{0,0001}$ et $\sqrt{0,0750}$.

Soit à chercher dans la table les racines des nombres 0,0005, 0,0099, 0,0325, 0,0550.

$$\sqrt{0{,}0005} = \sqrt{\frac{5}{10000}} = \frac{\sqrt{5}}{\sqrt{10000}} = \frac{\sqrt{5}}{100} =$$

$$= \frac{2{,}23606798}{100} = 0{,}0223606798.$$

$$\sqrt{0{,}0099} = \sqrt{\frac{99}{10000}} = \frac{\sqrt{99}}{\sqrt{10000}} = \frac{\sqrt{99}}{100} =$$

$$\frac{9{,}94987437}{100} = 0{,}0994987437.$$

$$\sqrt{0{,}0325} = \sqrt{\frac{325}{10000}} = \frac{\sqrt{325}}{\sqrt{10000}} = \frac{\sqrt{325}}{100} =$$

$$\frac{18{,}02775638}{100} = 0{,}1802775638.$$

$$\sqrt{0{,}0550} = \sqrt{\frac{550}{10000}} = \frac{\sqrt{550}}{\sqrt{10000}} = \frac{\sqrt{550}}{100} =$$

$$\frac{23{,}45207880}{100} = 0{,}234520788.$$

En suivant le même principe on obtiendrait les racines comprises entre $\sqrt{0{,}000001}$ et $\sqrt{0{,}000750}$, etc.

Il suffit de remarquer qu'il faut diviser la racine du nombre donné, abstraction faite de la virgule, par l'unité suivie d'autant de zéros qu'il y a de fois deux chiffres dans la partie décimale de ce nombre.

Pour obtenir les racines carrées de tous les nombres compris entre 1 et 750 suivis d'un nombre pair de zéros, il faut prendre dans la table la racine carrée de chacun de ces nombres, abstraction faite des zéros ; puis multiplier la racine obtenue par 10, par 100, par 1000, etc., selon qu'il y a à la droite du nombre 2 zéros, 4 zéros, 6 zéros, etc.

Ex. : soit à chercher, dans la table, les racines des nombres 9900,   3250000,   155000000.

$$\sqrt{9900} = \sqrt{99 \times 100} = 10\sqrt{99}\ (29) =$$
$$10 \times 9{,}94987437 = 99{,}4987437.$$

$$\sqrt{3250000} = \sqrt{325 \times 10000} = 100\sqrt{325} =$$
$$100 \times 18{,}02775638 = 1802{,}775638.$$

$$\sqrt{155000000} = \sqrt{155 \times 1000000} = 1000\sqrt{155} =$$
$$1000 \times 12{,}44989960 = 12449{,}89960.$$

Pour obtenir les racines carrées de tous les nombres compris entre 1 et 75 suivis d'un nombre impair de zéros, il faut laisser un seul zéro à la droite de chacun de ces nombres ; il faut chercher dans la table les racines qui correspondent à ces nouveaux nombres, puis multiplier ces racines par 10, par 100, par 1000, etc., selon que l'on a négligé à la droite de ces nombres 2 zéros, 4 zéros, 6 zéros. etc.

Ex. : soit à chercher dans la table les racines des nombres 8000, 32,00000. 550000000.

$$\sqrt{8000} = \sqrt{80 \times 100} = 10\sqrt{80}\ (30) =$$
$$10 \times 8{,}94427191 = 89{,}4427191.$$

$$\sqrt{3200000} = \sqrt{320 \times 10000} = 100\sqrt{320} =$$
$$100 \times 17{,}88854382 = 1788{,}854382.$$

$$\sqrt{550000000} = \sqrt{550 \times 1000000} = 1000\sqrt{550} =$$
$$1000 \times 23{,}45207880 = 23452{,}07880.$$

Si nous avions à calculer les racines carrées de plusieurs nombres supérieurs à 750, limite de la table des carrés, mais inférieurs à 3000, limite du tableau des nombres qui contiennent des carrés comme facteurs ; il faudrait s'assurer si ces nombres se trouvent dans ce tableau ; s'ils s'y trouvent, leurs racines seront déterminées par la table des racines *.

Ex. : Soit à chercher les racines des nombres 924, 1701, 2160. Nous trouverons dans le tableau des nombres qui contiennent des carrés comme facteurs, que $924 = 2^2 \times 231$; $1701 = 9^2 \times 21$; $2160 = 12^2 \times 15$.

$$\sqrt{924} = \sqrt{2^2 \times 231} = 2\sqrt{231} \ (29) =$$
$$2 \times 15,19868415 = 30,39736830,$$

$$\sqrt{1701} = \sqrt{9^2 \times 21} = 9\sqrt{21} = 9 \times 4,58257569 =$$
$$41,24318121.$$

$$\sqrt{2160} = \sqrt{12^2 \times 15} = 12\sqrt{15} = 12 \times 3,87298335 =$$
$$46,47580020.$$

D'où nous voyons que pour trouver la racine de 924, il a fallu multiplier la racine de 231 par 2 ; pour 1701, multiplier la racine de 21 par 9 ; pour 2160, multiplier la racine de 15 par 12.

Si l'on proposait de chercher la racine carrée d'un nombre supérieur à 3000, limite du tableau des nombres qui contiennent des carrés comme facteurs, il faudrait opérer comme il a été dit (39).

Ex. : soit proposé de chercher la racine carrée du nombre 38880. Ce nombre dépassant le tableau des

* S'ils ne s'y trouvent pas, leurs racines ne pourront être déterminées que par les méthodes ordinaires.

4.

nombres qui contiennent des carrés comme facteurs, il faut le décomposer en facteurs premiers : $38880 = 2^5 \times 3^5 \times 5$.

D'où,

$$\sqrt{38880} = \sqrt{2^5 \times 3^5 \times 5} = 2^2 \times 3^2 \times \sqrt{2 \times 3 \times 5} \; (30) =$$
$$36\sqrt{30} = 36 \times 5,47722558 = 197,18012088.$$

Mais nous remarquerons que plus le coëfficient du radical sera grand, plus l'erreur faite sur la racine sera grande, car l'erreur provenant du dernier chiffre de la racine sera répétée autant de fois qu'il y a d'unités dans le coëfficient. Dans l'exemple ci-dessus, le dernier chiffre de la racine de 30 étant approximativement trop fort de 0,495, l'erreur sur la racine de 38880 que nous avons trouvée être de 197,18012088, sera approximativement aussi de $0,495 \times 36$, sera de 17,82 : d'où la racine 197,18012088 est approximativement trop forte de dix-huit unités du dernier chiffre : cette racine $= 197,18012070$.

Il faudra donc, pour plus d'exactitude, lorsque le radical sera beaucoup plus petit que 750, limite de la table, faire passer sous ce même radical un ou plusieurs facteurs du coëfficient, et choisir ce facteur ou ces facteurs, de telle manière que le radical ne dépasse pas 750, limite de la table,

Ex. : Soit à chercher la racine du même nombre 38880.

$$38880 = 2^5 \times 3^5 \times 5 : \text{d'où } \sqrt{38880} = \sqrt{2^5 \times 3^5 \times 5} =$$
$$2^2 \times 3^2 \times \sqrt{30} \; (30).$$

Mais le radical 30 est plus petit que 750 limite de la

table; il faut faire passer le facteur 2^2 du coëfficient sous le radical, et la racine de 38880 sera égale à

$$3^2\sqrt{2^4 \times 30}\ (31) = 9\sqrt{480} = 9 \times 21{,}90890230 = 197{,}18012070.$$

Il est important de se rappeler cette dernière remarque, car plus le coëfficient sera petit, plus la racine présentera d'exactitude

Il est aussi très important de se rappeler que lorsqu'une racine doit être multipliée par un nombre quelconque, il faut avoir soin de prendre dans la table assez de chiffres décimaux pour que l'erreur provenant du dernier chiffre de la racine multiplié par le nombre donné, ne se fasse pas sentir sur le dernier chiffre décimal qu'on veut obtenir exact (40).

Si l'on avait à déterminer le carré d'une racine donnée, si cette racine se trouve dans la table, le nombre qui lui correspond dans cette même table sera le carré demandé.

Ex. : Si l'on demande quel est le carré de la racine 11,045361, etc., il suffira de chercher cette racine dans la table ; le nombre 122, qui lui correspond, sera le carré demandé.

Il pourrait arriver que les chiffres d'une racine donnée, abstraction faite de la virgule, fussent les mêmes que ceux de l'une des racines de la table, la racine donnée étant, relativement à celle de la table, multipliée ou divisée par une puissance quelconque de 10.

On déterminerait le carré de cette racine en multipliant ou en divisant, selon le cas, le carré qui correspond à la racine semblable de la table par le carré de la même puissance de 10.

Exemple : Soit demandé le carré de la racine de 0,11045361, etc.

Nous ferons abstraction de la virgule dans cette racine et dans toutes celles de la table. Nous trouverons que cette racine est égale à la racine de la table, 11,045361, etc., divisée par 100 ; le nombre qui dans la table correspond à 11,045361, etc., est 122 :

Le carré demandé sera égal à

$$\frac{122}{100^2} = \frac{122}{10000} = 0,0122$$

Ce qui est évident, car (11,045361, etc.)² = 122 ; d'ou (0,11045361, etc.)², quantité 100×100 fois plus petite, égalera $\dfrac{122}{100×100}$; ou 0,0122.

Si la racine donnée était 11045,361017, etc., comme cette racine est égale à la racine de la table 11,045361, 017, etc., multiplié par 1000, et que le carré qui correspond à la racine de la table est 122, le carré demandé sera égal à 122 × 1000² = 122000000.

Si la racine donnée ne se trouvait pas exactement dans la table, on déterminerait le carré de cette racine à l'aide de la multiplication abrégée ou à l'aide d'une table de carrés.

TABLE

DE

RACINES CARRÉES,

DE 1 A 750.

Nombres.	Racines carrées.
1	1
2	41421356237309504880168872420—
3	73205080756887729352744634150—
4	2
5	23606797749978969640917366870—.
6	44948974278317809819728420—
7	64575131106459059050016160+.
8	82842712474619009760337700—.
9	3
10	16227766016837933199889400+.
1	31662479035539984911493300+.
2	46410161513775458705489300+.
3	60555127546398929311922100—.
4	74165738677394138558374900+
5	87298334620741688517926500—.
6	4
7	12310562561766054982141000+
8	24264068711928514640506600—
9	35889894354067355223698200+
20	47213595499957939281834700—.
1	58257569495584000658804700—
2	69041575982342955456563000—
3	79583152331271954159743800—
4	89897948556635619639500+.
5	5
6	09901951359278483000280—
7	19615242270663188058200—.
8	29150262212918118100300—.
9	38516480713450403125100+.
30	47722557505166113457000+.

Nombres.		Racines carrés.
31		56776436283002192211 9—.
2		65685424949238019520 7+.
3		74456264653802865985 1+.
4		83095189484530047087 4—.
5		91607978309961604256 7—.
6	6	
7		08276253029821968900 0+.
8		16441400296897645025 0—.
9		24499799839839820584 7+.
40		32455532033675866399 8+.
1		40312423743284868648 8—.
2		48074069840786023096 6+.
3		55743852430200065234 4—.
4		63324958071079969823 0+.
5		70820393249936908922 8+.
6		78232998312526813906 5+.
7		85565460040104412493 6+.
8		92820323027550917411 0+.
9	7	
50		07106781186547524400 8—.
1		14142842854284999799 9+.
2		21110255092797858623 8—.
3		28010988928051827109 7—.
4		34846922834953429459 2+.
5		41619848709566294871 1—.
6		48331477354788277116 7—.
7		54983443527074969723 7+.
8		61577310586390828566 1—.
9		68114574786860817570 5+.
60		74596669241483377035 9+.
1		81024967590665439413 0+.
2		87400787401181101968 5—.
3		93725393319377171771 5o5+.
4	8	
5		06225774829854965236 7+.
6		12403840463596036046 0+.
7		18535277187245058080 1+.
8		24621125123532109964 3+.
9		30662386291807485258 4—.
70		36660026534075547978 2+.
1		42614977317635863063 4—.

Nombres.	Racines carrées.
72	8 485281374238570292810—
3	544003745317531167872+.
4	602325267042626771729—.
5	660254037844386467637—
6	717797887081347104474+
7	774964387392122060406—.
8	831760866327846854764—
9	888194417315588850091—.
80	944271909999158785637+.
1	9
2	055385138137416626574+
3	110433579144298881946+.
4	165151389911680613176—
5	219544457292887310002—.
6	273618495495703752516—.
7	327379053088815045554—.
8	380831519646859109131—.
9	433981132056603811321+.
90	486832980505137995997+.
1	539392014169456491526—
2	591663046625439083195+
3	643650760992954995760—
4	695359714832658028149+
5	746794344808963906839+.
6	797958971132712392789—
7	848857801796104721746—
8	899494936611665341612+
9	949874371066199547345+
100	10
1	049875621120890270219—.
2	099504938362077953363—.
3	148891565092219468649+.
4	1980390271855696601+.
5	2469507659595983832—
6	2956301409870003158+
7	3440804327886004697—.
8	3923048454132637612+.
9	4403065089109333103+.
110	4880884817015154699—
1	5356537528527388484—
2	5830052442583623620—

Nombres.		Racines carrées
113	10	6301458127346494080+
4		6770782520313112108—
5		7238052947636083048—
6		7703296142690080625—
7		8166538263919678794+.
8		8627804912002157239+
9		9087121146357144115—
120		9544511501033222691—.
1	11	
2		0453610171872607742—
3		0905365064094171621+.
4		1355287256600438442—.
5		1803398874989484820—.
6		2249721603218241568+.
7		2694276695846448829+.
8		3137084989847603904—
9		3578166916005472218+
130		4017542509913797914+.
1		4455231422595970390—.
2		4891252930760573197—
3		5325625946707958894+.
4		5758369027902254736+.
5		6189500386222506555—.
6		6619037896906009417—.
7		7046999107196251091—
8		7473401244707305870+.
9		7898261225515959685+.
140		8321595661992320851—.
1		8743420870379172347+
2		9163752878129849541+.
3		9582607431013980211—.
4	12	
5		0415945787922954802+.
6		0830459735945720683+
7		1243556529821410547+
8		1655250605964393780+
9		2065556157337029519—
150		2474487139158904910+
1		2882057274445075918—
2		3288280059379529005—
3		3693168768529816495+.

Nombres.	Racines carrées.
154	12 4096736459908565961—.
5	4498995979887323748—.
6	4899959967967964117+
7	5299640861416677885+
8	5698050899765347157—
9	6095202129184915312—.
160	6491106406735173280+
1	6885775404495203802—
2	7279220613578554392—
3	7671453348037046617—
4	8062484748656973730+
5	8452325786651290201—
6	8840987267251254946—.
7	9228479833200854689+.
8	9614813968157204619—.
9	13
170	0384048104052974292+.
1	0766968306220206567—
2	1148770486040013047+
3	1529464379659054400+.
4	1909059582729191709—.
5	2287565553229529525—
6	2664991614215993965+.
7	3041346956500707250—.
8	3416640641263337125+
9	3790881602596520150—
180	4164078649987381785+.
1	4536240470766834937—.
2	4907375632320414656+.
3	5277492584686828974—.
4	5646599662505362781—.
5	6014705087354433450—.
6	6381816969858558928+.
7	6747943311773431586+.
8	7113092008020882499+.
9	7477270848675200198+.
190	7840487520902217680+.
1	8202749610852533139—
2	8564064605510183482—
3	8924439894498045084—.
4	9283882771841193385+.

Nombres.		Racines carrées
195	13	9642400437689411699+
6	14	
7		0356688476181996305—
8		0712472794702886637+
9		1067359796658844252—.
200		1421356237309504880—
1		1774468787578252030+.
2		2126704035518954970+.
3		2478068487750071689+.
4		2828568570856999960+
5		3178210632763531544—.
6		3527000944073237470—
7		3874945699381586248+
8		4222051018559571725+
6		4568322948009603035+
210		4913767461894385737—
1		5258390463339500683—.
2		5602197785610365422+
3		5945195193264241973—.
4		6287388383277934572+
5		6628782986151801470—
9		6969384566990685892+
7		7309198626562353586+
8		7648230602334005755—.
9		7986485869487420571+
220		8323969741913258974—
1		8660687473185055226—
2		8996644257513397193—.
3		9331845230680786629—
4		9666295470957655423—.
5	15	
6		0332963783729082709+
7		0665191733193636155+.
8		0996688705414993945+.
9		1327459504215559272+
230		1657508881031011085—
1		1986841535706636317+.
2		2315462117278165713—
3		2643375224737480253+.
4		2970585407783544901+
5		3297097167558916566+.

Nombres.	Racines carrées.
236	15 3622914957372163514—
7	948043183406524260+.
8	4272486205415124891+
9	596248337403065197+.
240	919333848296675407—
1	5241746962600237289+.
2	563491861040455368—
3	884572681198956417—.
4	6204993518133087883+.
5	524758424985278749+.
6	843871413581219342+
7	7162336455017109802—
8	480157480236220394+.
9	797338380595000453+
250	8113883008418966600+
1	429795177548594848+.
2	745078663875435430—
3	9059737205868663538+
4	373774505092273666—.
5	687194226713119991+
6	16
7	0312195418813973649+.
8	623784042090105405—
9	934769394310811868—.
260	1245154965970993047—
1	554944214035120938+.
2	864140562386454726+
3	2172747402268547742—.
4	480768092719207209—
5	788205960997063874+.
6	3095064303000904761—.
7	401346383681918547+
8	707055437449011616—
9	4012194668567251627—
270	316767251549834037—
1	620776331543279477+.
2	924225024706421993+.
3	5227116418583060618—
4	529453572468485933+.
5	831239517769992456+.
6	6132477258361497052+.

Nombres.	Racines carrées.
277	16 6433169770932380689—.
8	733320005330668159—
9	7032930884900657664+.
280	3320053068151109596+.
1	6305461424021012 84—.
2	928556237466652020+.
3	8226038412607220262—
4	5229954635271172613+.
5	819430161341321831—
6	9115345252877628982+.
7	4107434609741626 23+
8	705627484771405856—
9	17
290	0293863659264011661—.
1	5872210923198080 34+
2	8800749063506233 57—.
3	1172427686236897632+.
4	4642819948224466874+
5	7556403731766824 68—
6	2046505340852535435+.
7	3368793961408597 96+.
8	6267650163206875 82—
9	9161646579058264 53—.
300	3205080756887729353+.
1	4935157289747241 23—.
2	7814719698276695 43—
3	4068951855292102807—
4	3559577416269420 89—.
5	6424919657298064 63—.
6	9285568453590141 26—
7	5214154679352318587—.
8	4992877478424412 08—
9	7839583124694572 59—.
310	6068168616590091458+.
1	3519208854839777 64—
2	6352173265569370 95—.
3	9180601295413254 68—
4	7200451466693504020+
5	4823934929884812 77—
6	7638883463117770 02+
7	8044938147648555945—.

Nombres.		Racines carrées.
318	17	8325545001270078832—.
9		605710994917516943—
320		885438199983175713+.
1		9164728671689171847+.
2		443584449263607547—.
3		722007556114284576—
4	18	
5		0277563773199464656+
6		554700852677884522+
7		831413200251244400—
8		1107702762748332531—.
9		383571472170543982—.
330		659021245849499925—.
1		934053986602519174+
2		2208671582885977639+
3		482875908946590670+
4		756668824970652560—.
5		3030052177231266832—
6		303027798233600264+.
7		575597506858192985—
8		847763108502356344—
9		4119526395219689637—.
340		390889145857746200—
1		661853126193878776—
2		932420089069293508+.
3		5202591774521341335—
4		472369909914075050—.
5		741756210067099710+
6		6010752377382743600+.
7		279360101971576426+
8		547581061776300911—
9		815416922694043485+.
350		7082869338697069279—
1		349939951951946175—.
2		616630392937182183+.
3		882942280559359991+
4		8148877222267792092+.
5		414436814167719445+.
6		679622641132076226—.
7		944436276911842811—
8		9208879284245008711—.

Nombres.		Racines carrées.
359	18	9472953214964166822+.
360		7366596101027599920+
1	19	
2		0262975904404480646—
3		525588832576502288—
4		787840283389129831+.
5		1049731745428001792+.
6		3112646970899909756—
7		572440606680166604—
8		833260932508781664+
9		2093727122985460595+.
370		353840616713447518—.
1		613602842582226592+
2		873015219859099915—
3		3132079158279658386—
4		390796058137161803—.
5		649167310370844259+
6		907194296653160563+
7		4164878389475989186+.
8		422220952235806929+
9		679223339317850279—.
380		935886896179278137—
1		5192212959431350364—.
2		448202856920636358—
3		703857907809267591—.
4		959179422654247856+
5		6214168703485834685—
6		468827043885005223—
7		723155729060019570—.
8		977156035922094435+
9		7230829233160199681+.
390		484176581314990174—.
1		737199332851885115—.
2		989898732233306832—
3		8242276015990090831—.
4		494332412792078692+.
5		746069143517905200—.
6		997487421323990947+
7		9248588451712751400+.
8		499373432600033317+.
9		749843554381789158+

Nombres.	Racines carrées.
400	20
1	0249843945007857277—
2	4993765576342135o8+.
3	7485989988473120o5—.
4	9975124224178o54o4—.
5	1246117974981072677+
6	4944167960988441646—
7	7424100183201439889+.
8	99009876724155906z—.
9	2237484161566843795—
41o	4845673131658693333+.
1	7313493271329262z7—
2	9778313o1844389373+
3	32240143290157527644+
4	469899493758044172+
5	715487874633626247—
6	960780543711393201—
7	420577856662137072i+
8	450483oo26o8727o24+.
9	694894904587202800+
42o	939015319191967z—.
1	518284528683191o6+.
2	426385841741372o+.
3	6696380120313237—.
4	9126028197400063—
5	6155281280883o275+
6	3976744o55o29318+
7	6397831977182462+
8	8816o86557720094+
9	712315177207979i3—
43o	364413533277i846—.
1	6o53949202669444+
2	84609690826527b2—
3	8o86520466848i163—
4	32666655999965865—.
5	566536146142102i+.
6	8o613o1782186662—
7	904544960366872330—.
8	2844953645634974+.
9	5232683975696290+
44o	7617696340303094+

Nombres.	Racines carrées.
441	21
2	0237960416286 382 9+
3	4756517984918844+.
4	7130750570547770+.
5	9502310972898650—
6	1187120819428759 0—.
7	4237451186597442+.
8	6601048851672472 —.
9	896201004170907 7—
450	2132034355964257 3—
1	3676058159530130—
2	6029162546929882+.
3	8379665379276264+
4	3072757526625162 9+
5	3072900770154175—
6	5415650406262242—.
7	7755832643195012+
8	4009345590326966 0+
9	2428528562854999—.
460	4761058952721661+
1	7091055358388847+
2	9418526020467704+
3	5174347913500135 2—.
4	4065922853801613+.
5	6385865284782467—.
6	8703314492290300+
7	6101827849743094 2—
8	3330765278393576+
9	5640782770771520—.
470	7948338867879942+
1	7025344142107052 7+.
2	2556098240043145+
3	4856317093154547—.
4	7154105707724127+.
5	9449471770336776—
6	8174242292714288 2—.
7	4032966784155481—.
8	6321110907544615+
9	8606862823928915—.
480	9089023002066445 4+
1	3171219946130882+.

Nombres.		Racines carrées.
482	21	95449840010014895—
3		7726097583591057+
4	22	
5		02271554554524050—.
6		4540768504860288—.
7		6807649071391088—.
8		9072203437452155+
9		11334438749598093—
490		3594362117865532—.
1		5851980616033838—
2		8107301281883432—.
3		20360331117451756+
4		2611077089286892—
5		4859546128698885+.
6		7105745132008769+
7		9349680960795347—
8		31591360442139729—.
9		3830790368867666—
500		6067977499789696—.
1		8302928559939136—
2		40535650240807929—
3		2766149200580386+
4		4994432064364831—.
5		7220505424423186—.
6		9444375840398504+
7		51666049839540482+.
8		3885533916928977+.
9		6102834535695538—
510		8317958127242985+
1		60530911091463045+.
2		2741699796952078—
3		4950330581224909—
4		7156809750926779+.
5		9361143582043444—
6		71563338320109444—.
7		3763400180414550+.
8		5961335348208414—.
9		8157149978903453+
520		80350850198275958—.
1		2542442102665481—
2		4731931759172486+.

Nombres.		Racines carrées.
523	22	86919325205854305+.
4		9104628451919408+
5		91287847477920003−.
6		3468988235942989+
7		5648056649799270−.
8		7825058615211464+
9	23	
530		02172886644267644−
1		4343724360582453+.
2		6512518934159178+
3		8679276123039140+.
4		10844001658268580−
5		3006701244075514−
6		5167380558045095+.
7		7326045251293506−.
8		9482700948640401−.
9		21637353248779894−.
540		3790007724450131−
1		5940669922601444+.
2		8089345364563108−
3		30236039546208718+
4		2380757938120188−.
5		4523505985750403−.
6		6664289109584522−
7		8803112705299954−
8		40939982143925022+
9		3074902771996318−
550		5207879911714777−.
1		7338918861100467+.
2		9468024894146117−.
3		51595203260969403+.
4		3720459187963978+.
5		5843797877949293+.
6		7965224510319194+.
7		60084744241189319+
8		22023622035433306+
9		4318083507377820−.
560		6431913239846417−
1		8543856465402247+.
2		70653918225939617+
3		2762103540934421−.

Nombres.	Racines carrées.
564	23. 74868417407583447+
5	6972864800942569+
6	9075450674063847+
7	8117617995813531−.
8	3275057562596991+
9	5372088375312570+.
570	7467277262664390+
1	9560629069704103+.
2	9165214862602796 04−
3	3741840717164721−.
4	5829710142187881−
5	7915761656359771+
6	24
7	02082429892862773−.
8	4163056034261583+
9	6241883103192932−
580	8318915758459096−
1	10394158638789931+
2	2467616362963741−.
3	4539293529927212+
4	6609194718914414+.
5	8677324489564896+.
6	20743687382040866−.
7	2808287917143476−.
8	4871130596428211+
9	6932219902319398−
590	8991560298223844+
1	31049156228643601+.
2	3105012119287876+.
3	5159132377184093+.
4	7211521390788108−
5	9262183530093593−
6	41311123146740590−.
7	3358344574123249−.
8	5403852127496752+
9	7447650104083432+.
600	9489742783178098−
1	51530134426252571+.
2	3568829277059429−
3	5605831561734991+
4	7641145488961518−

Nombres.		Racines carrées.
6o5	24	59674775249768666—
6		61706725018234173—.
7		3736998950983810—
8		5765601187590580—
9		7792535850613193+.
61o		9817807045693806+
1		71841418861655049+
2		3863375370596330+
3		5883680627989438+.
4		7902338672773439—
5		9919353527448884—
6		8193472918171319—
7		3948469674844120—
8		5960578931210647+.
9		7971060924945727+.
62o		9979919597746475+
1		9198715887542456+
2		3992782667985188—
3		5996794869737007—
4		7999199359359282—.
5	25	
6		01999200639360716+
7		3996805109782883+
8		5992817228333558+.
9		7987240796890498+.
63o		9980079602226644+
1		1197337416094006+.
2		3961017995306943—
3		5949125081824861—
4		7935662402834311—
5		9920633670830515+.
6		21904042583698306—
7		3885892824792505—
8		5866188063017720+
9		7844931952907589—
64o		9822128134703466+.
1		31797780234432546—
2		3771891863985455+.
3		5744466621193280+
4		7715508089904076—
5		9685019840058827—

Nombres.		Racines carrées.
646	25	41653005427766885+.
7		3619468395380874+
8		5584412271571088+
9		7547840571399358+
650		9509756796392415——
1		51470164434614744+
2		3429066960740932—.
3		5386467836127522—.
4		7342370508884366+.
5		9296778413945490+.
6		61249694973139475+.
7		3201123595259350—.
8		5151067676132013—.
9		7099530598687169+
660		9046515733025804—
1		70992026436488192—.
2		2936066053721437+.
3		4878637916746553—
4		6819745345025099+
5		8759391645525350—.
6		8069758011278 8032+.
7		2634314028991600—.
8		4569596664017094+
9		6503431275512536+
670		8435821108956914—
1		90366769397723725+.
2		2296279363144092—.
3		4224354214569469+
4		6150997149433910—.
5		8076211353315940—.
6	26	
7		01922366251537490—.
8		3843313258307407—.
9		5762844159076576—.
680		7680962081059486+
1		9597670139977727+
2		1151297144011 9039—
3		3426869074395967—
4		5339366124404131—.
5		7250465660480115+.
6		0160170741758970+

Nombres.	Racines carrées.
687	26 21068484416231349—.
8	2975409720800261+
9	4880949681337453+.
690	6785107312739429—.
1	8687885618983104—.
2	3058928759318 1088+
3	2489316217636618—
4	4387974463898133+.
5	6285265292813489—.
6	8181191654583834—
7	400757564888 17122+.
8	1968962724581290+.
9	3860813280457092—
700	5751311064590591+.
1	7640458974745309—.
2	9528259898354056—.
3	51414716712570410—
4	3299832284319879—.
5	5183609470350734+
6	7066051117284514+.
7	8947160061666212—.
8	608269391300 14145—
9	2705391138869497—.
710	4582518894845561+
1	6458325194676655—
2	8332812825266742—.
3	70205984563737734—.
4	2077843177477493+.
5	3948391424187529+.
6	5817632051930403—
7	7685567799176827—
8	9552201394852468+
9	81417535558384462+
720	3281572999747636+.
1	5144316419510439—.
2	7005768508880593+.
3	8865931949750447+.
4	90724809415336699+.
5	2582403567252016+.
6	4438717061495908—
7	6293752542552623—

Nombres.	Racines carrées.
728	26 98147512646408293 −
9	27
730	01851217221259206 −
1	37011669191154917 −.
2	55498516937736579 −.
3	7397274136176713 −
4	9243436828813285 +
5	1.1088342345191820 +.
6	2931993250107256 +.
7	4774392099645543 +
8	6615541441224988 +
9	8455443813637347 −
740	20294101747088669 −
1	2131517763239888 −.
2	3967694375247175 −
3	5802634087802036 −.
4	7636339397171179 +.
5	9468812791236126 +.
6	31300056749532600 +
7	3130073743289665 +.
8	4958866235468632 +.
9	6786436680801734 −.
750	8612787525830567 −.

Pour simplifier cette table de Racines, nous n'avons écrit qu'une seule fois les parties semblables. Par exemple : la racine de 196 = 14 ; nous n'avons pas répété 14 aux racines des nombres 197, 198, etc.

Nous avons fait de même pour le premier chiffre décimal de chaque racine, à partir de la racine du nombre 227. Ainsi, pour les racines des nombres 227, 228 le premier chiffre décimal est un zéro; pour les racines des nombres 230, 231 le premier chiffre est un un; et ainsi de suite jusqu'à la fin de la table.

TABLEAU

DES CARRÉS ET DES NOMBRES QUI CONTIENNENT DES CARRÉS COMME FACTEURS, DEPUIS 1 JUSQU'A 3000.

Nombres	Facteurs et Carrés	Nombres	Facteurs et Carrés	Nombres	Facteurs et Carrés	Nombres	Facteurs et Carrés
1	1	63	3.7	125	5.5	184	2.46
4	2^2	64	8	26	3.14	88	2.47
8	$2^2 \times 2$	68	2.17	28	8 2	89	3.21
9	3^2	72	6.2	32	2.33	92	8.3
12	$2^2 \times 3$	75	5.3	35	3.15	96	14
16	4 (*)	76	2.19	36	2.34	98	3.22
18	3 . 2	80	4.5	40	2.35	200	10.2
20	2 . 5	81	9	44	12	4	2.51
24	2 . 6	84	2.21	47	7.3	7	3.23
25	5	88	2.22	48	2.37	8	4.13
27	3 . 3	90	3.10	150	5.6	12	2.53
28	2 . 7	92	2.23	52	2.38	16	6.6
32	4 . 2	96	4.6	53	3.17	20	2.55
36	6	98	7.2	56	2.39	24	4.14
40	2 . 10	99	3.11	60	4.10	225	15
44	2 . 11	100	10	62	9.2	28	2.57
45	3 . 5	104	2.26	64	2.41	32	2.58
48	4 . 3	108	6.3	68	2.42	34	3.26
49	7	112	4.7	69	13	36	2.59
50	5 . 2	116	2.29	71	3.19	40	4.51
52	2 . 13	117	3.13	72	2.43	42	11.2
54	3 . 6	120	2.30	175	5.7	43	9.3
56	2 . 14	121	11	76	4 11	44	2.61
60	2 . 15	124	2.31	80	6.5	45	7.5

(*) Pour simplifier le travail typographique nous avons remplacé, dans les colonnes des carrés et facteurs, le signe $\times$ par un point, et nous avons supprimé l'exposant 2 de tous les facteurs placés à la gauche de ce même point, excepté aux cinq premiers nombres de la première colonne de chaque page, lesquels doivent servir de modèle pour les autres.

D'après cette indication on lira dans le tableau : $2608 = 4^2 \times 163$; $2610 = 3^2 \times 290$; $2645 = 23^2 \times 5$, et ainsi des autres nombres.

Nombres	Facteurs et Carrés	Nombres	Facteurs et Carrés	Nombres	Facteurs et Carrés	Nombres	Facteurs et Carrés
248	$2^2 \times 62$	348	2.87	452	2.113	552	2.138
250	$5^2 \times 10$	350	5.14	56	2.114	56	2.139
52	$6^2 \times 7$	51	3 39	59	3.51	58	3.62
56	16^2	52	4.22	60	2.115	60	4.35
60	$2^2 \times 65$	56	2.89	64	4.29	64	2.141
61	3 . 29	60	6.10	68	6.13	67	9.7
64	2 . 66	61	19	72	2.118	68	2.142
68	2 . 67	63	11.3	475	5.19	72	2.143
70	3 . 30	64	2.91	76	2.119	575	5.23
72	4 . 17	68	4.23	77	3.53	76	24
275	5 . 11	69	3.41	80	4.30	78	17.2
76	2 . 69	72	2.93	84	22	80	2.145
79	3 . 31	375	5.15	86	9.6	84	2.146
80	2 . 70	76	2.94	88	2.122	85	3.65
84	2 . 71	78	3.42	90	7.10	88	14.3
88	6 . 8	80	2.95	92	2.123	92	4.37
89	17	84	8.6	95	3.55	94	3.66
92	2 . 73	87	3.43	96	4.31	96	2.149
94	7 . 6	88	2.97	500	10.5	600	10.6
96	2 . 74	92	14.2	4	6.14	4	2.151
97	3 . 33	96	6.11	7	13.3	5	11.5
300	10 . 3	400	20	8	2.127	8	4.38
4	4 . 19	4	2.101	12	16.2	12	6 17
6	3 . 34	5	3.45	13	3.57	16	2.154
8	2 . 77	8	2.102	16	2.129	20	2.155
12	2 . 78	12	2.103	20	2.130	21	3.69
15	3 . 35	14	3.46	22	3.58	24	4.39
16	2 . 79	16	4.26	24	2.131	625	25
20	8 . 5	20	2.105	525	5.21	28	2.157
24	18	23	3.47	28	4.33	30	3.70
325	5 . 13	24	2 106	29	23	32	2.158
28	2 . 82	425	5.17	31	3.59	36	2.159
32	2 . 83	28	2.107	32	2.133	37	7.13
33	3 . 37	32	12 3	36	2.134	39	3.71
36	4 . 21	36	2.109	39	7.11	40	8.10
38	13 . 2	40	2.110	40	6.15	44	2.161
40	2 . 85	41	21	44	4.34	48	18.2
42	3 . 38	44	2.111	48	2.137	650	5.26
43	7 . 7	48	8.7	49	3.61	52	2.163
44	2 . 86	450	15.2	550	5.22	56	4.41

Nombres	Facteurs et Carrés	Nombres	Carrés	Nombres	Carrés	Nombres	Carrés
657	$3^2 \times 73$	760	2.190	856	2.214	961	31
60	$2^2 \times 165$	64	2.191	60	2.215	63	3.107
64	$2^2 \times 166$	65	3.85	64	12.6	64	2.241
66	$3^2 \times 74$	68	16.3	67	17.3	68	22.2
68	$2^2 \times 167$	72	2.193	68	2.217	72	2.243
72	4 · 42	74	3.86	72	2.218	975	5.39
675	15 · 3	775	5.31	73	3.97	76	4.61
76	26	76	2.194	875	5.35	80	14.5
80	2 · 170	80	2.195	76	2.219	81	3.109
84	6 · 19	83	3.87	80	4.55	84	2.246
86	7 · 14	84	28	82	21.2	88	2.247
88	4 · 43	88	2.197	84	2.221	90	3.110
92	2 · 173	92	6.22	88	2.222	92	4.62
93	3 · 77	96	2.199	91	3.99	96	2.249
96	2 · 174	800	20.2	92	2.223	99	3.111
700	10 · 7	1	3.89	96	8.14	1000	10.10
2	3 · 78	4	2.201	900	30	4	2.251
4	8 · 11	8	2.202	4	2.226	8	12.7
8	2 · 177	10	9.10	8	2.227	12	2.253
11	3 · 79	12	2.203	9	3.101	14	13.6
12	2 · 178	16	4.51	12	4.57	16	2.254
16	2 · 179	19	3.91	16	2.229	17	3.113
20	12 · 5	20	2.205	18	3.102	20	2.255
22	19 · 2	24	2.206	20	2.230	24	32
24	2 · 181	825	5.33	24	2.231	1025	5.41
725	5 · 29	28	6.23	925	5.37	26	3.114
26	11 · 6	32	8.13	27	3.103	28	2.257
28	2 · 182	33	7.17	28	4.58	29	7.21
29	27	36	2.209	31	7.19	32	2.258
32	2 · 183	37	3.93	32	2.233	35	3.115
35	7 · 15	40	2.210	36	6.26	36	2.259
36	4 · 46	41	29	40	2.235	40	4.65
38	3 · 82	44	2.211	44	4.59	44	6.29
40	2 · 185	45	13.5	45	3.105	48	2.262
44	2 · 186	46	3.94	48	2.237	1050	5.42
47	3 · 83	47	11.7	950	5.38	52	2.263
48	2 · 187	48	4.53	52	2.238	53	3.117
750	5 · 30	850	5.34	54	3.106	56	4.66
52	4 · 47	52	2.213	56	2.239	58	23.2
56	6 · 21	55	3.95	60	8.15	60	2.265

Nombres	Facteurs et Carrés	Nombres	Facteurs et Carrés	Nombres	Facteurs et Carrés	Nombres	Facteurs et Carrés
1062	$3^2 \times 118$	1168	4.73	1272	2.318	1376	4.86
64	$2^2 \times 266$	70	3.130	74	7.26	77	9.17
68	$2^2 \times 267$	72	2.293	1275	5.51	80	2.345
71	$3^2 \times 119$	1175	5.47	76	2.319	84	2.346
72	$4^2 \times 67$	76	14.6	78	3.142	86	3.154
1075	5 · 43	79	3.131	80	16.5	88	2.347
76	2 · 269	80	2.295	84	2.321	92	4.87
78	7 · 22	83	13.7	87	3.143	95	3.155
80	6 · 30	84	4.74	88	2.322	96	2.349
83	19 · 3	88	6.33	92	2.323	1400	10.14
84	2 · 271	92	2.298	96	36	4	6.39
88	8 · 17	96	2.299	1300	10.13	8	8.22
89	33	97	3.133	4	2.326	12	2 353
92	2 · 273	1200	20.3	5	3.145	13	3.157
96	2 · 274	4	2.301	8	2.327	16	2.354
98	3 · 122	6	3.134	12	4.82	20	2.355
1100	10 · 11	8	2.302	14	3.146	21	7.29
4	4 · 69	10	11.10	16	2·329	22	3.158
7	3 · 123	12	2.303	20	2.330	24	4.89
8	2 · 277	15	3.135	23	21.3	1425	5.57
12	2 · 278	16	8.19	24	2.331	28	2.357
16	6 · 31	20	2.305	1325	5.53	31	3.159
20	4 · 70	24	6.34	28	4.83	32	2 358
24	2 · 281	1225	35	31	11.11	36	2.359
1125	5 · 45	28	2.307	32	6.37	40	12.10
27	7 · 23	32	4.77	36	2.334	44	38
28	2 · 282	33	3.137	40	2.335	45	17.5
32	2 · 283	36	2.309	41	3.149	48	2.362
34	9 · 14	40	2.310	44	8.21	49	3.161
36	4 · 71	42	3.138	48	2.337	1450	5.58
40	2 · 285	44	2.311	1350	15.6	52	22.3
43	3 · 127	48	4.78	52	26.2	56	4.91
44	2 · 286	1250	25.2	56	2.339	58	27.2
48	2 · 287	51	3.139	59	3.151	60	2.365
1150	5 · 46	52	2.313	60	4.85	64	2.366
52	24 · 2	56	2.314	64	2.341	67	3.163
56	34	60	6.35	68	6.38	68	2.367
60	2 · 290	64	4.79	69	37	70	7.30
61	3 · 129	68	2.317	72	14.7	72	8.23
64	2 · 291	69	3.141	1375	5.55	1475	5.59

Nombres	Facteurs et Carrés	Nombres	Facteurs et Carrés	Nombres	Facteurs et Carrés	Nombres	Facteurs et Carrés
1476	$6^2 \times 41$	1584	12.11	1682	29.2	1780	2.445
80	$2^2 \times 370$	87	23.3	83	3.187	82	9.22
84	$2^2 \times 371$	88	2.397	84	2.421	84	2.446
85	$3^2 \times 165$	92	2.398	88	2.422	88	2.447
88	$4^2 \times 93$	93	3.177	90	13.10	91	3.199
92	2 . 373	96	2.399	92	6.47	92	16.7
94	3 . 166	1600	40	94	11.14	96	2.449
96	2 . 374	2	3.178	96	4.106	1800	30.2
1500	10 . 15	4	2.401	1700	10.17	4	2.451
3	3 . 167	8	2.402	1	9.21	5	19.5
4	4 . 94	11	3.179	4	2.426	8	4.113
8	2 . 377	12	2.403	8	2.427	9	3.201
12	6 . 42	16	4.101	10	3.190	12	2.453
16	2 . 379	17	7.33	12	4.107	13	7.37
19	7 . 31	20	6.45	15	7.35	15	11.15
20	4 . 95	24	2.406	16	2.429	16	2.454
21	39	1625	5.65	19	3.191	18	3.202
24	2 . 381	28	2.407	20	2.430	20	2.455
1525	5 . 61	29	3.181	24	2.431	24	4.114
28	2 . 382	32	4.102	1725	5.69	1825	5 73
30	3 . 170	36	2.409	28	24.3	27	3.203
32	2 . 383	38	3.182	32	2.433	28	2.457
36	16 . 6	40	2.410	34	17.6	32	2 458
39	9 . 19	44	2.411	36	2.434	36	6.51
40	2 . 385	47	3.183	37	3.193	40	4.115
44	2 . 386	48	4.103	40	2.435	44	2.461
48	6 . 43	1650	5.66	44	4.109	45	3.205
1550	5 . 62	52	2.413	46	3.194	48	2.462
52	4 . 97	56	6.46	48	2.437	49	43
56	2 . 389	60	2.415	1750	5.70	1850	5.74
57	3 . 173	64	8.26	52	2.438	52	2.463
60	2 . 390	65	3.185	55	3.195	54	3.206
64	2 . 391	66	7.34	56	2.439	56	8.29
66	3 . 174	68	2.417	60	4.110	59	13.11
68	28 . 2	72	2.418	64	42	60	2.465
72	2 . 393	74	3.186	68	2.442	62	7.38
73	11 . 13	1675	5.67	72	2.443	63	3.207
1575	15 . 7	76	2.419	73	3.197	64	2.466
76	2 . 394	80	4.105	1775	5.71	68	2.467
80	2 . 395	81	41	76	4.111	72	12.13

Nombres	Facteurs et Carrés	Nombres	Facteurs et Carrés	Nombres	Facteurs et Carrés	Nombres	Facteurs et Carrés
1875	$25^2 \times 3$	1976	2.494	2079	3.231	2184	2.546
76	$2^2 \times 469$	80	6.55	80	4.130	87	27.3
80	$2^2 \times 470$	84	8.31	84	2.521	88	2.547
81	$3^2 \times 209$	88	2.497	88	6.58	92	4.137
84	$3^2 \times 471$	89	3.221	92	2.523	96	6.61
88	4 . 118	92	2.498	96	4.131	97	13.13
90	3 . 210	96	2.499	97	3.233	2200	5.88
92	2 . 473	98	3.222	2100	10.21	4	2.551
96	2 . 474	2000	20.5	4	2.526	5	21.5
99	3 . 211	4	2.501	6	9.26	8	4.138
1900	10 . 19	7	3.223	7	7.43	9	47
4	4 . 119	8	2.502	8	2.527	12	2.553
8	6 . 53	9	7.41	12	8.33	14	3.246
11	7 . 39	12	2.503	15	3.235	16	2.554
12	2 . 478	16	12.14	16	46	20	2.555
16	2 . 479	20	2.505	20	2.530	23	3.247
17	3 . 213	23	17.7	24	6.59	24	4.139
20	8 . 30	24	2.506	2125	5.85	2225	5.89
22	31 . 2	2025	45	28	4 133	28	2.557
24	2 . 481	28	26.3	32	2.533	32	6.62
1925	5 . 77	32	4.127	33	3.237	36	2.559
26	3 . 214	34	3.226	36	2.534	40	4.140
28	2 . 482	36	2.509	40	2.535	41	3.249
32	2 . 483	40	2.510	42	3.238	44	2.561
35	3 . 215	43	3.227	44	4.134	48	2.562
36	44	44	2.511	48	2.537	2250	15.10
40	2 . 485	48	32.2	2150	5.86	52	2.563
44	18 . 6	2050	5.82	51	3.239	54	7.46
48	2 . 487	52	6.57	52	2.538	56	4.141
1950	5 . 78	56	2.514	56	14.11	59	3.251
52	4 . 122	57	11.17	60	12.15	60	2.565
53	3 . 217	58	7.42	64	2.541	64	2.566
56	2 . 489	60	2.515	66	19.6	68	6.63
60	14 . 10	61	3.229	68	2.542	72	4.142
62	3 . 218	64	4.129	69	3.241	2275	5.91
64	2 . 491	68	2.517	72	2.543	76	2 569
68	4 . 123	70	3.230	2175	5.87	77	3.253
71	3 . 219	72	2.518	76	8.34	80	2.570
72	2 . 493	2075	5.83	78	33.2	84	2.571
1975	5 . 79	76	2.519	80	2.545	86	3.254

Nombres	Facteurs et Carrés	Nombres	Facteurs et Carrés	Nombres	Facteurs et Carrés	Nombres	Facteurs et Carrés
2288	$4^2 \times 143$	2392	2.598	2500	50	2597	7.53
92	$2^2 \times 573$	94	3.266	2	3.278	2600	10.26
95	$3^2 \times 255$	96	2.599	4	2.626	1	51
96	$2^2 \times 574$	2400	20.6	8	2.627	4	2.651
99	$11^2 \times 19$	1	49	11	9.31	8	4.163
2300	10 . 23	3	3.267	12	4.157	10	3.290
3	7 . 47	4	2.601	16	2.629	12	2.653
4	48	8	2.602	20	6.70	16	2.654
8	2 . 577	12	6.67	23	29.3	19	3.291
12	34 . 2	16	2.603	24	2.631	20	2.655
13	3 . 257	20	22.5	2525	5.101	24	8.41
16	2 . 579	21	3.269	27	19.7	2625	5.105
20	4 . 145	24	2.606	28	4.158	28	6.73
22	3 . 258	2425	5.97	29	3.281	32	2.658
24	2 . 581	28	2.607	32	2.633	36	2.659
2325	5 . 93	30	9.30	35	13.15	37	3.293
28	2 . 582	32	8.38	36	2.634	40	4.165
31	3 . 259	36	2.609	38	3.282	44	2.661
32	2 . 583	39	3.271	40	2.635	45	23.5
36	4 . 146	40	2.610	41	11.21	46	21.6
40	6 . 65	44	2.611	44	4.159	48	2.662
44	2 . 586	48	12.17	47	3.283	2650	5.106
48	2 . 587	2450	35.2	48	7.52	52	2.663
49	9 . 29	52	2.613	2550	5.102	55	3.295
2350	5 . 94	56	2.614	52	2.638	56	2.664
52	28 . 3	57	3.273	56	6.71	60	2.665
56	2 . 589	60	2.615	60	16.10	62	11.22
58	3 . 262	64	4.154	64	2.641	64	6.74
60	2 . 590	66	3.274	65	3.285	68	2.667
64	2 . 591	68	2.617	68	2.642	72	4.167
66	13 . 14	72	2.618	72	2.643	73	9.33
67	3 . 263	2475	5.99	74	3.286	2675	5.107
68	8 . 37	76	2.619	2575	5.103	76	2.669
72	2 . 593	80	4.155	76	4.161	80	2.670
2375	5 . 95	84	6.69	80	2.645	82	3.298
76	6 . 66	88	2.622	83	3.287	84	2.671
80	2 . 595	92	2.623	84	2.646	88	8.42
84	4 . 149	93	3.277	88	2.647	91	3.299
85	3 . 265	96	8.39	92	36.2	92	2.673
88	2 . 597	99	7.51	96	2.649	95	7.55

Nombres	Facteurs et Carrés	Nombres	Facteurs et Carrés	Nombres	Facteurs et Carrés	Nombres	Facteurs et Carrés
2696	$2^2 \times 674$	2776	2.694	2850	5.114	2924	2.731
2700	$30^2 \times 3$	80	2.695	52	2.713	2925	5.117
4	52^2	81	3.309	53	3.317	28	4.183
8	$2^2 \times 677$	83	11.23	56	2.714	32	2.733
9	$3^2 \times 301$	84	4.174	60	2.715	34	3.326
12	2 . 678	88	2.697	62	3.318	36	2.734
16	2 . 679	90	3.310	64	4.179	40	14.15
18	3 . 302	92	2.698	68	2.717	43	3.327
20	4 . 170	93	7.57	71	3.319	44	8.46
24	2 . 681	96	2.699	72	2.718	48	2.737
2725	5 . 109	99	3.311	73	13.17	2950	5 118
27	3 . 303	2800	20.7	2875	5.115	52	6.82
28	2 . 682	4	2.701	76	2.719	56	2.739
32	2 . 683	8	6.78	80	24.5	60	4.185
36	12 . 19	9	53	83	31.3	61	3.329
38	37 . 2	12	2.703	84	2.721	64	2.741
40	2 . 685	16	16.11	88	38.2	68	2.742
44	14 . 14	17	3.313	89	3.321	70	3.330
45	3 . 305	20	2.705	90	17.10	72	2.743
48	2 . 687	24	2.706	91	7.59	2975	5.119
2750	5 . 110	2825	5.113	92	2.723	76	4.186
52	8 . 43	26	3.314	96	4.181	79	3.331
54	9 . 34	28	2.707	98	3.322	80	2.745
56	2 . 689	32	4.177	2900	10.29	84	2.746
60	2 . 690	35	9.35	4	22.6	88	6.83
63	3 . 307	36	2.709	7	3.323	89	7.61
64	2 . 691	40	2.710	8	2.727	92	4.187
68	4 . 173	42	7.58	12	4.182	96	2.749
72	6 . 77	44	6.79	16	54	97	9.37
2775	5 . 111	48	4.178	20	2.730	3000	10.30

TABLE DES MATIÈRES.